Vivien Neufeld

Der Tag, an dem der Sommer zu Ende ging

Die Flutkatastrophe im Ahrtal und unsere Familie

Vivien Neufeld

DER TAG, AN DEM DER SOMMER ZU ENDE GING

Die Flutkatastrophe im Ahrtal und unsere Familie

SCM
Hänssler

SCM

Stiftung Christliche Medien

SCM Hänssler ist ein Imprint der SCM Verlagsgruppe,
die zur Stiftung Christliche Medien gehört, einer gemeinnützigen Stiftung,
die sich für die Förderung und Verbreitung christlicher Bücher,
Zeitschriften, Filme und Musik einsetzt.

FSC
www.fsc.org
MIX
Papier | Fördert
gute Waldnutzung
FSC® C014496

2. Auflage 2024

Max-Eyth-Straße 41 · 71088 Holzgerlingen
Internet: www.scm-haenssler.de; E-Mail: info@scm-haenssler.de

Lektorat: Katharina Töws
Umschlaggestaltung: Astrid Shemilt // Büro für Gestaltung: www.astridshemilt.com
Titelbild: Henrik Donnestad (unsplash.com)
Autorenfoto: Sebastian Heim
Satz: typoscript GmbH, Walddorfhäslach
Druck und Bindung: GGP Media GmbH, Pößneck
Gedruckt in Deutschland
ISBN 978-3-7751-6237-1
Bestell-Nr. 396.237

Für Harry.

Anmerkung der Autorin

In dieser Geschichte gibt es keinen objektiven Erzähler. Ich arbeite nicht die gesamten Umstände auf oder berichte als Außenstehende über andere Schicksale. Ich kann nur erzählen, was ich erlebt habe, wie ich empfinde und was ich von meinem direkten Umfeld mitbekommen habe. Dabei möchte ich andere Empfindungen, Sichtweisen und den Umgang mit der Situation weiterer in verschiedenster Weise betroffener Personen nicht negieren oder relativieren.

Kapitel 1

Es gibt Tage, an die erinnert man sich selbst nach einer gewissen Zeit noch so, als wären sie gerade erst vergangen. Der 15. Juli 2021 – ein Donnerstag – war für mich ein solcher Tag.

Harry, der sich zu der Zeit immer vor seinem 9-Uhr-Meeting um unsere sieben Monate alte Tochter kümmerte, weckte mich an dem Tag aber etwas früher als sonst, um circa 8:15 Uhr. Seine Stimme war ruhig, aber alarmierend zugleich: »Kannst du Kaia übernehmen? Ich muss nach Ahrweiler. Meine Eltern brauchen Hilfe beim Kellerauspumpen.«

Ich bat ihn darum, mir fünf Minuten zu geben, um wach zu werden und kurz ohne Kind ins Bad zu gehen. Dort nahm ich mein Handy zur Hand und öffnete völlig nichts ahnend meine neuen Nachrichten.

Meine beste Freundin war am Vorabend aus Koblenz zu ihren Eltern nach Remagen gefahren, weil der kleine idyllische Bachlauf, der durch ihren Garten führt, nach dem vorherigen Tag des Starkregens schon weit übergetreten war. Sie befürchtete daher, dass ihre Eltern Hilfe beim Trockenlegen des Erdgeschosses brauchen würden, sollte das Wasser noch weiter steigen und sich eventuell durch Toiletten und andere Abflüsse hochdrücken. Ich hatte ihr meine Hilfe angeboten und wollte unbedingt wissen, wie die Lage dort war. Zuerst hörte ich eine kurze Sprachnachricht von ihr ab, die sie mir um kurz vor 1 Uhr in der Nacht geschickt hatte. Ich ging fast schon davon aus, dass der Bach weiter gestiegen war und sie die ganze Nacht gegen das Wasser zu kämpfen hatten. Doch sie berichtete davon, dass sie über Social Media Fotos und Videos aus Orten an der Ahr, wie Dernau, Mayschoß oder Rech, gesehen hatte, in denen Wohnwagen von den Wassermassen durch Brücken gedrückt und zusammengefaltet worden seien. Vorstellen konnte ich mir das nicht, obwohl ich schon am Tag zuvor ab 17 Uhr immer wieder Fotos von Bekannten auf Instagram gesehen hatte, die den steigenden Ahrpegel in Altenahr dokumentierten und auch davon berichteten, dass ganze Autos nicht mehr da seien. »Klar«, dachte ich, als ich das hörte. »Wenn ich sehen würde, dass das Wasser steigt, dann würde ich mein Auto auch wegfahren.« Auf die Idee, dass diese Autos von der Ahr weggespült worden waren, kam ich gar nicht.

Die nächste Nachricht meiner Freundin, gesendet um 8 Uhr, lautete: »Ich möchte weinen. In Heimersheim gibt es wohl schon eine Ertrunkene. Leute sitzen auf den Dächern und warten, dass der Heli kommt, um sie zu evakuieren.« Heimersheim, der Nachbarort meiner Schwiegereltern. Ich antwortete ihr nicht direkt, sondern öffnete den nächsten Chat.

In unserer Familiengruppe schickten meine Brüder schon am frühen Morgen Fotos von meterhohem Wasser in Ahrweiler und der Innenstadt von Bad Neuenahr, die sie nachts von Freunden bekommen hatten. Ich brauchte einen kurzen Moment, um genau einzuordnen, wo diese Fotos aufgenommen worden waren. Ein Foto zeigte einen Platz, auf dem man die Häuser ringsum nur ab dem ersten Stockwerk sehen konnte, weil alles darunter unter Wasser war. Man sah Autos, die auf diesem Platz »schwammen« oder viel eher dorthin gespült worden waren. Das alles war so surreal. Es war surreal, die Stadt so zu sehen, in der ich zur Schule gegangen und zum größten Teil aufgewachsen war und in der meine Eltern immer noch wohnten. Kaum begreifend, was ich da gerade gesehen hatte, und dennoch wie vom Blitz getroffen, fuhr ich mit meinem Morgenprogramm fort, putzte im Eiltempo meine Zähne und machte mich fertig.

Als ich aus dem Bad stürmte, teilte ich Harry mit, ich würde mitkommen, unsere Tochter in der Trage verstauen und hätte so zwei freie Hände zum Helfen. Er hatte in der Zwischenzeit schon seinen Teamleiter informiert, dass er nicht am regulären Meeting teilnehmen und sich später dann aus Ahrweiler einloggen würde, um zu arbeiten.

Wir packten also das unserer Meinung nach Wichtigste zusammen – Windeln, Trage, Brei, ein Spielzeug und Harrys Laptop – und machten uns keine Viertelstunde nach meinem Aufwachen auf den Weg von Bonn in Richtung Ahrweiler.

Harry fuhr und ich saß hinter ihm, um im Notfall die Kinderbespaßung zu übernehmen.

Nebenbei las ich – immer noch nicht wirklich wach – mehr über das, was da im Ahrtal in den letzten Stunden passiert sein musste: Nachrichten in der Familiengruppe mit meinen Schwiegereltern und Schwagern. Ein Schwager berichtete, dass er niemanden erreichen könne, alle Leitungen seien tot. Er habe aber Fotos vom direkt angrenzenden Heimersheimer Bahnhof gesehen, der komplett unter Wasser sei. Durch die Worte, mit denen Harry mich kurz vorher geweckt hatte, war ich bis dahin davon ausgegangen, dass er bereits mit seinen Eltern oder seinem Bruder, der bei ihnen wohnte, Kontakt gehabt hatte. Bei dem Nachrichtenaustausch in der Gruppe wurde mir aber bewusst, dass auch er noch nichts von ihnen gehört hatte.

Nachrichten erster regionaler Zeitungen ploppten auf, die zu diesem Zeitpunkt von vier Toten durch »Unwetterchaos« berichteten. Durch die Verkehrsmeldungen im Radio erfuhren wir, dass die A61, über die wir ursprünglich zu fahren planten, durch den Starkregen am Tag zuvor teilweise unterspült worden und daher aus Richtung Bonn komplett gesperrt sei.

Wir fuhren also noch in Bonn von der Autobahn ab, um über die B9 am Rhein entlang in Richtung Ahrtal zu gelangen, und informierten Harrys ältere Halbbrüder in der Familiengruppe, dass wir uns unseren Weg zu seinem Elternhaus suchten.

Noch während wir durch Bonn fuhren, fiel mir auf, dass ich einen Löffel für Kaias Mittagsbrei vergessen hatte. »Halb so wild«, sagte Harry. »Bei meinen Eltern in Heppingen haben wir ja Löffel.«

Mittlerweile war auch ein reger Schriftwechsel in der Familiengruppe meiner Familie inklusive Onkel, Tante, Cousins und Oma zu lesen. Meine Mutter berichtete, dass sie in Ahrweiler bereits seit dem Vorabend keinen Strom mehr hätten und dass auch die Wasserversorgung nicht mehr funktioniere. Ich bot mich noch an, etwas für meine Eltern und meinen Bruder, der gerade zu Hause war, einzukaufen, da in der Stadt selbst logischerweise auch das Einkaufen ohne Stromversorgung schwierig war. Die Antwort folgte prompt: »Ihr kommt gar nicht nach Ahrweiler. Die A61 ist in Teilen unterspült.« Zudem, schrieb meine Mutter, seien die Brücken nicht passierbar.

In der Zwischenzeit hatten wir unsere Abfahrt erreicht. Ich schaute auf den Sitz neben mir, auf dem unsere Tochter friedlich schlief. Vor uns staute es sich. Kurz vor Bad Bodendorf, zwei Dörfer entfernt von Heppingen, dem Ortsteil von Bad Neuenahr-Ahrweiler, in dem Harrys Eltern wohnten. Autos wendeten. Nach einigen Minuten des Wartens merkten wir, dass es hier wirklich nicht weiterging. Auch wir wendeten und wollten nun durch Sinzig fahren. Doch kaum wieder abgefahren, standen wir Hunderte Meter vom eigentlichen Flussbett der Ahr entfernt vor einem dreckigen, reißenden Fluss. Die Brücke, die uns auf die andere Ahrseite führen sollte, war kaum noch zu sehen. Feuerwehr und Polizei sperrten die Straße.

Wir überlegten, wie wir um die Ahr herum doch noch unser Ziel erreichen konnten, und entschieden uns für einen Weg durch die höher gelegenen Dörfer, auf der anderen Ahrseite entlang. Unterwegs hatten wir immer wieder kein Netz. »Vielleicht kann sich deswegen auch niemand bei uns melden«, dachte ich.

»Da steht ein Auto im Feld«, sagte Harry, als wir wieder in der Talebene ankamen. Ich schaute nach draußen. »Da ist Wasser«, bemerkte ich. »Das Auto steht im Wasser.« Ich traute meinen eigenen Augen kaum. Konnte das wirklich sein? »Nein«, sagte Harry. »Da ist doch kein Wasser.«

Ich widersprach nicht. »Noch eine Kurve und über die Brücke, dann sind wir da«, dachte ich. Doch kaum abgebogen, sahen wir wieder … Wasser. Wasser in einer Absenkung vor der Brücke über die Ahr. Rote Rettungsboote, die dort unterwegs waren. Kein Durchkommen. Dabei trennten uns unter normalen Bedingungen keine zwei Minuten mehr von unserem Ziel. Mittlerweile waren wir schon fast zwei Stunden unterwegs für eine Strecke, die uns sonst nicht mehr als 25 Minuten kostete.

Also wieder umdenken, wieder eine neue Route überlegen. Wir blieben zunächst auf der »falschen« Ahrseite. Es kämen ja noch genügend Brücken, zumindest dachten wir das. Wir bewegten uns im Schneckentempo durch Heimersheim. Überall Feuerwehr, andere Hilfs- und Rettungskräfte, Schläuche, die aus Häusern herausragten, mithilfe derer Wasser auf die Straßen geleitet wurde. Und noch bevor wir die nächste Brücke erreichten, war da wieder fließendes Wasser auf der provisorisch abgesperrten Straße. Wir sprachen kaum, abgesehen von der ständigen Neuplanung unserer Route, starrten ungläubig aus dem Fenster, wenn wir sahen, wie nah die Ahr an Straßen herankam oder wie weit außerhalb ihres Flussbettes sie toste. Mit jedem Weg, den sie uns versperrte, fuhren wir weiter einen alternativen Weg. Was blieb uns auch anderes übrig?

Schließlich kamen wir in Bad Neuenahr am Krankenhaus an. Doch auch hier konnten wir wieder Boote auf der Straße weiter unterhalb sehen. An einer Kreuzung sperrte das THW eine Abbiegung ab, und wir fragten letztlich nach, welchen Weg wir auf die andere Ahrseite nehmen konnten. Die Antwort erreichte zwar meine Ohren, aber so richtig verarbeiten konnte mein Kopf sie in dem Moment nicht: »Am besten nach oben, in Niederzissen auf die Autobahn und von Süden kommend über die große Ahrtalbrücke dann in Ahrweiler abfahren. Alle anderen Brücken gibt es nicht mehr.« Die Ahrtalbrücke, über die in 55 Metern Höhe die A61 über die Ahr führt. Und die sollte jetzt die einzig passierbare Brücke auf die andere Seite sein? Wir schwiegen und fuhren wieder weiter nach oben.

Meine Mutter kündigte in der Gruppe an, dass sie ihr Handy ausmachen würde, um Akku zu sparen, und dass mein Vater und Bruder unterwegs seien, um haltbare Dinge wie Knäckebrot und Konserven in Niederzissen zu besorgen und um unterwegs im Auto die Handys zu laden.

Je mehr ich sah, je mehr ich las, je mehr ich mitbekam, desto mulmiger wurde mir zumute.

»Warum meldet sich denn niemand von Harrys Eltern?«, fragte ich mich im Stillen. »Sein Bruder müsste doch genügend Powerbanks haben, um zumindest mal sein Handy am Laufen zu halten und eine kurze Nachricht zu schicken. Haben sie wirklich kein Netz? Oder sind sie einfach schon so damit beschäftigt, die Folgen der Nacht zu beseitigen, dass sie keinen Blick auf ihre Handys werfen können? Oder …?« Den Gedanken, der sich in dem Moment wie eine schlimme Vorahnung anfühlte, konnte ich nicht zu Ende denken.

Ich brach auf dem Rücksitz leise in Tränen aus. Gerade jetzt, in dieser ungewissen Situation, wollte ich Harry nicht noch zusätzlich beunruhigen, wollte für ihn ruhig und besonnen sein. Ich versuchte, mich zu beruhigen und sagte dann nur leise: »Ich hoffe, deinen Eltern geht es gut.«

Parallel schrieb ich Nachrichten an drei unserer Freunde, die auch im Ahrtal lebten, um zu hören, ob sie in Sicherheit waren. Ein Freund wohnte nah an einem Ort, von dem mein Bruder morgens ein Foto geschickt hatte. Eine Freundin eigentlich sehr weit weg von der Ahr. Kurz nach dem Absenden fragte ich mich schon, warum bei ihr nicht »alles gut« sein sollte. Und der Dritte wohnte direkt gegenüber von Harrys Eltern. Etwas erhöht, am Hang der Weinberge. Ich hatte die Hoffnung, dass er sagen konnte, wie es Harrys Familie ging. Während ich auf Antwort wartete, schweifte mein Blick nach draußen. Der Himmel war blau, vereinzelt einige Wolken, gerade so, als hätte es den Wolkenbruch des Vortages nie gegeben. Es war ein warmer, schöner Sommertag.

Am Tag zuvor hatte es noch in Strömen geregnet. Ich war mit Kaia in der Stadt gewesen und hatte auf eine nachträgliche Geburtstagsnachricht antworten wollen, doch vor lauter Regen hatte ich mein eigenes Wort nicht verstanden. Ich schüttelte den Kopf, als mich die Antwort meiner Freundin aus meinen Gedanken riss: »Bei uns ist alles gut.« Ich war so erleichtert, diese Handvoll Worte zu lesen, auch wenn ich mit ihnen gerechnet hatte, dass ich erst mal gar nicht weiterlas und mein Handy kurz zur Seite legte.

Um kurz vor 11 Uhr passierten wir endlich das Ortsschild von Heppingen, nach fast zweieinhalb Stunden Fahrt in und durch das Krisengebiet. Wenige Meter vor unserem Ziel waren wieder Sperrungen aufgebaut, die wir beiseiteschoben, um weiterzufahren, nur um kurze Zeit später von Hilfskräften angehalten zu werden. Glücklicherweise war ein ehemaliger Schulkamerad von Harry unter den Hilfskräften, der ihn erkannte, uns anwies am Straßenrand zu parken und seine Kollegen bat, in Richtung Haus zu gehen und zu rufen.

Kapitel 2

Da standen wir nun in einer großen, dreckigen Pfütze, etwa 120 Meter von der Einfahrt des Hauses meiner Schwiegereltern entfernt. Auf der anderen Straßenseite lag ein nasser Erdhaufen. Im höher gelegenen Weinberg hatte es einen Erdrutsch gegeben. Es roch beißend nach Öl und Benzin.

Meine Schuhe waren schon nach den wenigen Schritten zur anderen Autotür matschig. Ich nahm Kaia schlafend aus ihrem Autositz und setzte sie mir vorne in die Trage. Während ich ihre regelmäßigen Atemzüge wahrnahm, versuchte ich mich auf diese Ruhe und Beständigkeit zu konzentrieren: Sie schlief einfach weiter, während um sie herum Chaos herrschte! Harry tauschte seine Flipflops gegen geschlossene Schuhe und wir gingen gemeinsam den Hilfskräften hinterher. Schon hinter der nächsten Kurve standen wir vor Wasser. Kein stehendes, stilles Gewässer, sondern ein fließendes. Ein reißender Strom.

Ich sah an einem Gebäude links von uns einen BMW an einem Zaun gelehnt auf dem Kopf stehen. Wortwörtlich. Die Motorhaube war unten, der Kofferraum ragte in den blauen Sommerhimmel. Am kurzzeitig neuen »Flussufer« blieb ich stehen. Harry ging noch ein Stück weiter ins Wasser, bis er angewiesen wurde, dort stehen zu bleiben, da der Strom noch immer zu stark sei. Keine Fahrzeuge oder Boote konnten zu dem Zeitpunkt zum Haus, denn das stand einfach mitten in der Ahr, die normalerweise an dieser Stelle des

Flusslaufs etwa 20 Meter und sehr flach und nun Hunderte Meter breit und offensichtlich sehr tief war.

Als ich Harry mitten im Wasser stehen sah, beobachtete ich ihn aufmerksam. Ich sah ihn nicht gern alleine dort stehen. Die Hilfskräfte riefen etwas und erhielten Antworten von den Nachbarn meiner Schwiegereltern. Sie standen auf den Balkonen und machten winkend auf sich aufmerksam. Aber ich hörte keine mir bekannten Stimmen und sah das Haus von Hans und Ella nicht. Ich konnte nicht sehen, ob auch jemand aus der Hausnummer 33 winkend am Fenster stand oder sich anders bemerkbar machte. Innerlich wurde ich unruhig, und mein Herz wurde ganz schwer. Ich achtete auf Kaias Atem. *Einatmen – Ausatmen – Ruhe.* Diese Sekunden kamen mir wie Stunden vor.

Direkt hinter mir kam ein Auto zum Stehen. Zwei junge Frauen stiegen aus und sagten, sie seien auf der Suche nach ihrer Freundin und: »Ihr Haus ist jetzt nicht mehr da.« Wie so oft an diesem Tag hörte ich die Worte, aber verstand sie nicht. »Ihr Haus ist jetzt nicht mehr da«, wiederholte die andere. »Das ganze Haus ist einfach weg. Wir machen uns Sorgen.« Aus dem angrenzenden Neubaugebiet, das etwas unterhalb der Straße lag, auf der ich stand, kam ein Amphibienfahrzeug. Leute saßen in Rettungsdecken gehüllt auf der Ladefläche. Mein Blick traf den eines Mannes, ich lächelte ihn an, so als würde man jemanden im Supermarkt grüßen, und merkte, dass sein Blick leer war. Er schaute mich an, aber auch durch mich hindurch. Als sich das Fahrzeug aus dem Wasser hob und die riesigen tropfenden Reifen sich auf der Straße an mir vorbeischoben, schauderte ich. Erlebte ich das gerade wirklich? War das ein schlechter Traum? Ich kam mir vor wie in einem Katastrophenfilm. So viele Eindrücke, so vieles, das nicht in meine heile Welt passte.

In der Familiengruppe wurden zwischenzeitlich Fotos vom Haus meiner Schwiegereltern geteilt, die von dem gegenüberliegen Berg aus aufgenommen worden waren. Das Wasser stand in der gesamten Einfahrt. Es sah aus, als würde das Haus auf dem Wasser schwimmen. Die Kellerschächte waren nicht sichtbar. Wasser und Boden des Erdgeschosses waren auf einer Höhe und man konnte sehen, dass das Wasser zum Höchststand bis zur Decke des Erdgeschosses gestanden haben musste.

Beim Empfangen und beim Senden von Nachrichten registrierte ich plötzlich, dass es hier Empfang gab. Ich hatte Netz. Sie müssten sich also doch langsam mal melden!

Die Stimme hinter mir riss mich aus meinen Gedanken: »Und zu wem wollen Sie?«

Die Stimme gehörte zu einem Mann, der offenbar in der Gegend wohnte. Er wirkte müde. Seine Hose war voller Schlamm. »Meine Schwiegereltern wohnen in der Hausnummer 33«, antwortete ich nur. Ich bemerkte ein kurzes Zucken in seinen Augen und dann den betroffenen Blick. »Oh«, sagte er, während er in Richtung des Hauses zeigte. »Aus der Richtung haben wir nachts Schreie gehört. Da muss es schlimm gewesen sein.«

Er erzählte mir, dass er nachts seine ältere Nachbarin gerettet habe, die im Erdgeschoss wohne. Ich sah die Wasserlinie an ihrem Haus. Sah, dass die Fassade bis zum Boden des ersten Obergeschosses durch das Wasser und alles, was darin geschwommen war, braun gefärbt war.

Im nächsten Atemzug sprach er davon, dass seine Wertgegenstände glücklicherweise verschont geblieben seien. Es erschien mir in dieser Situation so unwichtig, über Dinge nachzudenken – egal wie wertvoll oder historisch sie waren –, während sich Menschen um ihre Liebsten sorgten. Als ich sah, dass Harry zurückkam, entzog ich mich dem Gespräch.

»Die konnten keinen Kontakt aufnehmen. Die Nachbarn sagen, dass ein Mann und eine Frau weggetrieben wurden.« Ich hielt den Atem an. »Deine Eltern?«, fragte ich nur. Harry nickte: »Scheinbar.«

»Und Franky?«, fragte ich weiter. »Keine Ahnung«, antwortete Harry. »Wurde wohl nicht gesehen.« Er hielt kurz inne. »Warum sind sie nicht einfach nach oben gegangen?«

Ein Feuerwehrmann kam zu Harry. »Die Nachbarn stehen draußen, wenn du willst, kannst du hingehen und selbst mit ihnen reden. Hier an der Seite ist das Wasser nur knöcheltief, da ist die Strömung nicht so stark.«

Während Harry sich seinen Weg zu besagten Nachbarn bahnte, griff ich nach meinem Telefon und wählte die Nummer seiner Schwägerin. Es klingelte nicht einmal, da hob sie schon ab: »Hallo, Liebes.«

Ohne Begrüßung, ohne einleitende Worte sagte ich nur: »Die Nachbarn sagen, es wurden Menschen weggetrieben.« Meine Stimme brach, die Tränen liefen mir über das Gesicht und tropften auf Kaias Kopf.

»Oh nein, Liebes.« Ich merkte, wie am anderen Ende der Leitung auch ihr das Herz in die Hose rutschte. Ich weiß nicht mehr, was ich noch sagte, worüber wir sprachen. Aber in dem Moment war es auch nicht wichtig zu sprechen. Es war gut zu wissen, dass da am anderen Ende jemand war, der mitfühlte.

Nach dem Telefonat ging ich ein Stück zurück in Richtung Auto, weg von den Menschen, die da noch warteten. Ich wollte nicht, dass Harry mich weinend antraf, wenn er wiederkam.

Vor dem Auto traf ich ein älteres Paar in Regenkleidung. Die Hände über dem Kopf zusammengeschlagen schauten sie auf ihr Haus. Es hatte nur ein Stockwerk, direkt darauf aufgesetzt war ein steil zulaufendes Dach und seitlich im Dachgiebel ein kleines rundes Fenster. Kurz darunter die Wasserlinie. Wir kamen ins Gespräch. »Wir sind gestern Abend weggefahren, als wir hörten, was an der oberen Ahr passiert ist«, sagte die Frau. »Wir haben nur noch das, was wir anhaben, und ein paar wichtige Unterlagen«, ergänzte der Mann. »Ich bin so dankbar, dass wir nicht geblieben sind. Das hätten wir nicht überlebt.«

Ich blickte auf das Haus und das Grundstück. Eine große Sonnenblume stand noch im Vorgarten. »Wieso ist diese Sonnenblume nicht umgeknickt, aber das Auto liegt auf der Motorhaube?«, fragte ich mich in Gedanken.

»Und Sie sind die Schwiegertochter von Neufelds?«, fragte mich die Frau. »Ja«, antwortete ich. »Aber wir haben noch nichts von ihnen gehört.«

»Das tut mir leid. Vielleicht sind sie ja auch gefahren oder wurden von jemandem mitgenommen. Sie waren immer nette Nachbarn, so gastfreundlich.«

In diesem Moment schämte ich mich kurz, dass ich so schnell die Hoffnung aufgegeben hatte. Wer sagte eigentlich, dass es wirklich Harrys Eltern gewesen waren, die die Nachbarn hatten wegtreiben sehen?

»Die Nachbarschaft war so gut. Aber wir werden hier wohl nie wieder wohnen«, fuhr die Frau fort.

Ich ging zurück, um auf Harry zu warten, der offensichtlich immer noch mit den Nachbarn sprach.

Das Erste, was ich sah, als er wieder in mein Blickfeld trat, war die Sorge und Wut in seinem Blick. Er erzählte, er habe mit dem Nachbarn von gegenüber gesprochen. Mit unserem Freund, dem ich auch eine Nachricht geschickt, aber noch keine Antwort erhalten hatte. Immerhin wusste ich jetzt, dass es ihm gut ging. Harry sagte, dass dieser Freund seine Eltern in der Nacht gehört habe.

Da hatte ich die Antwort auf die wiederkehrende Frage in meinen Gedanken: »Wer sagt eigentlich, dass es Harrys Eltern waren, die weggetrieben wurden?« Und ich wusste, dass er sie kannte, dass er ihre Stimmen ihnen eindeutig zuordnen konnte. Er hatte sie zuvor sehr oft gehört, an den unzähligen Tagen und Abenden, die wir im Garten bei Harrys Eltern zusammen verbracht hatten.

Ich sah die Wucht des Wassers, die Höhe der Wasserlinien, hatte die Berichte der Nachbarn gehört und für mich war klar: Wer im Wasser gewesen war, hatte keine guten Chancen gehabt zu überleben.

»Warum sind sie nicht einfach nach oben gegangen?«, fragte Harry wieder.

Die Hilfskräfte rieten uns, eine Vermisstenanzeige bei der Polizei aufzugeben. Mehr könne man in der aktuellen Situation nicht tun. Immerhin waren wir dafür schon auf der richtigen Ahrseite.

Während er seine nassen und verschlammten Schuhe auszog und gegen die sauberen im Kofferraum tauschte, beobachtete ich Harry. Sein Blick drückte Unglaube aus. Ich war mir nicht sicher, ob er merkte, dass er immer wieder den Kopf schüttelte. Und ich bildete mir ein, seine Sorgenfalte sei in den letzten Minuten deutlich tiefer geworden.

Anders als sonst stieg ich vorne ins Auto. Es erschien mir wichtiger, ganz nah bei Harry zu sein, als neben unserer schlafenden Tochter zu sitzen. Ich nahm seine Hand, als wir losfuhren, und ließ sie nicht ein einziges Mal los, bis wir anhielten. Immer wieder fragte ich mich in Gedanken, was hier eigentlich gerade passierte. Meiner besten Freundin schrieb ich: »Fahren jetzt zur Polizei. Keine Spur von denen. Man kommt nicht zum Haus. Sie sind nicht auf dem Dach oder draußen. Der Nachbar hat erzählt, dass er Hilferufe gehört hat. Ich hab' so Angst. Man hat da Netz. Aber von niemandem haben wir was gehört.«

Schon unterwegs versuchten wir, telefonisch eine Vermisstenmeldung aufzugeben. Das erste Mal wählten wir den Notruf, kaum dass wir losgefahren waren. Doch schon bald bekamen wir zu hören: »Sie müssen Ihren Standort wechseln. Ich kann nichts verstehen.« Harry äußerte sein Anliegen erneut, aber wieder: »Sie sind nicht zu verstehen. Es ist ganz abgehackt.« Also legten wir auf und riefen noch zwei weitere Male an – ohne Erfolg –, bis wir bei der Polizeiwache in Ahrweiler ankamen.

Harry ging allein hinein, während ich bei Kaia blieb. Wie immer, wenn ich mir nicht zu helfen wusste, rief ich bei meinen Eltern an. In diesem Fall bei meinem Vater. Ich wusste ja, dass er mit meinem Bruder unterwegs war, und hoffte, dass das Netz gut genug war, um mich zu verstehen.

Kaum hörte ich seine Stimme, liefen mir schon wieder die Tränen die Wangen herunter. Ich schilderte ihm die Lage, sagte, dass Harry eine Vermisstenmeldung aufgab und dass wir irgendwo einen Löffel für Kaias Mittagessen auftreiben müssten, das eigentlich schon überfällig war.

»Dann kommt zu uns«, sagte er. »Wir haben zwar kein Wasser und keinen Strom, aber einen Löffel haben wir da. Wir sind auch auf dem Rückweg und bald wieder zu Hause.«

Ich telefonierte noch, da kam Harry um die Ecke und ich verabschiedete mich kurz und legte auf. »Und?« fragte ich. »Das ging ja ganz schön schnell.«

»Ja«, antwortete Harry. »Ich konnte sie hier aber auch nicht als vermisst melden. Es gibt eine Hotline, bei der das geht. Der Polizist meinte, dass es auch Auffanglager gibt, wo sie sein könnten. In Heimersheim an der Schule zum Beispiel. Da sollen wir mal gucken und nachfragen.«

Unsere Odyssee durch das Ahrtal setzte sich also fort. Wenigstens kannten wir jetzt einen Weg auf die andere Ahrseite. Nun las ich auch endlich die Nachricht meiner Freundin zu Ende, in der sie berichtete, dass sie selbst und ihre Eltern von der Flut verschont geblieben seien, die Wohnung ihres Bruders allerdings betroffen sei. Abschließend fragte sie: »Bei euch und euren Eltern alles gut?«

Ich antwortete, dass bei uns alles gut sei, aber von Harrys Familie jede Spur fehle. »Selbst mit schwerem Gerät kommen die Hilfskräfte nicht zum Haus, weil alles überschwemmt und die Strömung zu stark ist.«

Wir fuhren gerade wieder über die Ahrtalbrücke, da klingelte Harrys Handy. Am anderen Ende eine Freundin seiner Mama, die Mutter seines Kindheitsfreundes. Sie war für Harry so eine Art »zweite Mutter« und wohnte im Nachbarort, in Heimersheim. Sie war auch durchs Ahrtal unterwegs und fragte, ob Harry etwas von seiner Familie gehört habe. Harry berichtete, dass wir gerade unterwegs zum Auffanglager seien. Die Verbindung war schlecht. Immer wieder hörte man nur abgehackte Wortfetzen. Aber so viel verstanden wir: dass sie, sollten sie dort jetzt nicht sein, das Auffanglager in Heimersheim für uns im Auge behalten und sich melden wolle, falls im Laufe des Tages oder der nächsten Tage dort Harrys Familie auftauchen würde.

»Was sagt denn Google, wo Franky ist?«, fragte ich Harry. Er und sein Bruder hatten sich gegenseitig den Standort freigegeben, sodass beide in Echtzeit sehen konnten, wo der andere gerade war.

»Na, zu Hause«, sagte Harry, während ich schon Google Maps auf seinem Handy öffnete. Tatsächlich. Ich sah Frankys Profilbild. Es war grau. So sieht das aus, wenn der Standort nicht mehr aktuell ist. Und darunter stand: »Zuletzt aktualisiert vor 11 Stunden«. Der letzte Standort war etwas ahraufwärts gesetzt, aber mit einem riesigen Radius, in dem die getrackte Person sich befinden konnte, der auch Harrys Elternhaus umfasste. Das GPS-Signal war dort des Öfteren schwächer. Er konnte zuletzt wohl nicht mehr auf den Meter genau geortet werden. »Aber nur weil das Handy nicht geortet werden kann, muss das ja nicht auch automatisch das Schlimmste bedeuten«, dachte die Hoffnung in mir. »Wenn man im Flugmodus ist, schlechten Empfang hat oder das Handy aus ist, dann kann man ja auch nicht geortet werden.« Ich überlegte, ob er vielleicht nicht einfach ganz oben in seinem Bett lag und friedlich schlief. Es wäre zumindest nicht ungewöhnlich, dass er nach einer Gaming-Nacht erst mittags aufwachte. Aber war es möglich, dass man so eine Naturgewalt einfach verschlief? Und was, wenn ...? Ich stockte. Den Gedanken wollte ich lieber nicht weiterdenken und doch tat ich es. Was, wenn er am PC gewesen und von dem Wasser überrascht und eingeschlossen worden war? Anders als sein Bett, das im Dachgeschoss des Hauses stand, lag sein »Freizeitraum« mit PC und Studio-Set-up nämlich im Erdgeschoss der angrenzenden Wohn-Scheune. Noch näher am Garten, noch näher an der Ahr. Und definitiv komplett unter Wasser.

Mittlerweile hatten wir uns unseren Weg zur Schule in Heimersheim gebahnt. Auf dem Parkplatz vor der Schule standen ein großer Löschzug und noch weitere Einsatzfahrzeuge von Feuerwehr, THW und Rotem Kreuz. »Das ergibt keinen Sinn«, sagte Harry, während er im Begriff war auszusteigen, und drehte sich zu mir um. »Das ergibt keinen Sinn, oder? Das ist ja die andere Ahrseite. Wie sollen sie denn hierhin gekommen sein?«

Im selben Moment meldete sich Kaia von hinten. »Sie hat Hunger. Wir müssen mal einen Löffel besorgen«, sagte ich, ohne zu antworten.

Unverrichteter Dinge machten wir uns also auf den (Um-)Weg zu meinen Eltern. Obwohl wir auf der richtigen Ahrseite waren, wussten wir auch, dass es mindestens eine Stelle auf unserer Route gab, die wir nicht passieren konnten, und fuhren daher von oben über die Dörfer vorbei an der Katastrophenschutzschule zu meinem Elternhaus, das glücklicherweise hoch genug lag, um nicht betroffen zu sein. Fuhr man aus dieser Richtung nach unten, wirkte alles so wie immer, als wäre nie etwas gewesen. Als wäre das Chaos weiter unten nur ein böser Traum. Bei meinen Eltern angekommen, kamen wir uns vor wie in einer anderen, einer heilen Welt.

Noch auf der Straße traf ich den Nachbarn meiner Eltern und erzählte ihm, dass wir Harrys Familie noch immer nicht finden konnten. Ich werde nie vergessen, wie sich sein Blick veränderte, als ich sagte, dass die Nachbarn von fortgetriebenen Personen erzählt hatten. Er wurde ganz ernst und wirkte ehrlich besorgt. Er, der sonst immer ein Lächeln auf den Lippen und ein aufmunterndes Wort parat hatte.

Ich hatte mich in den vorhergehenden Stunden ständig zwischen Hoffnung und Verzweiflung befunden, zwischen dem, was mein Herz sich sehnlichst wünschte, und dem, was der Kopf wusste. Aber mit diesem Blick des Nachbarn nahm mein logisches Denken und die Vermutung, dass es nicht gut um die drei stehen konnte, endgültig überhand.

Kapitel 3

Meine Eltern nahmen uns noch vor der Haustür in Empfang. Ihre Umarmung war noch fester als sonst und ich sah auch in ihrem Gesicht die Sorge, obwohl ich glaube, dass sie versuchten, uns nicht zu sehr zu zeigen, wie besorgt sie wirklich waren. Das Erste, was ich meinem Bruder sagte, als ich ihn im Flur umarmte, war: »Harry will sofort weiterfahren. Bitte fahr mit ihm, ich kann nicht. Ich will nicht, dass er allein ist.«

Er schaute mich an und nickte: »Keine Sorge.«

Meine Mama nahm Kaia auf den Arm und ich begab mich in Richtung Toilette. »Unten kannst du wahrscheinlich noch normal spülen, ansonsten steht da auch der Eimer mit Wasser zum Nachkippen. Nur das Toilettenpapier bitte nicht in der Toilette, sondern im Mülleimer entsorgen!« rief mir mein Vater hinterher. Darüber hatte ich gar nicht nachgedacht. Kein Wasser, kein Strom. Das bedeutete nicht nur, kein Licht und keine Dusche zu haben, sondern auch keinen Kühlschrank und keine Toilettenspülung.

Noch als ich auf dem Weg nach oben ins Esszimmer war, hörte ich, wie mein Bruder Harry fragte, ob er gleich mit ihm fahren sollte, so als wäre es ganz allein seine Idee gewesen.

Harry verneinte: »Nein, alles gut. Musst du nicht.«

»Ich kann echt mitkommen. Brauche ja selbst zum Lernen Strom, weil alles auf dem MacBook ist«, erwiderte er und Harry lenkte ein.

Wir beschlossen zudem, während wir Kaia fütterten, dass mein Bruder am Abend mit uns nach Bonn kommen würde, da er sich in der Klausurenphase befand und in ganz Ahrweiler keine Möglichkeit hatte, seine Geräte zu laden.

Harry trank sein Glas leer, schaute mich an und fragte: »Kommt ihr klar?« Ich nickte. »Ja, fahrt ruhig.« Er stand auf, drückte mir einen Kuss auf die Stirn und war schon unterwegs nach unten, als ich ihm noch hinterherrief: »Seid bitte vorsichtig.«

Ich stand am Fenster im Esszimmer, Kaia auf dem Arm, und beobachtete, wie das Auto die Straße entlangpreschte, bis es abbog. Weder Harry noch mein Bruder warfen auch nur einen Blick zurück. Ich drehte mich um und sackte, nachdem ich Kaia meiner Mutter in den Arm gedrückt hatte, weinend auf dem Boden zusammen. Ich fühlte mich so hilflos, so hoffnungslos, so besorgt und doch so leer.

Als ich mich einigermaßen gefangen hatte, versuchte ich zuerst, das Krankenhaus in Ahrweiler zu erreichen. Kein Netz. »Natürlich nicht«, dachte ich und scrollte durch meine diversen unbeantworteten Nachrichten, unter anderem auch eine von Harrys Tante: »Vivi, wisst ihr was von Neufelds?« Puh. Überbringe ich jetzt schon schlechte Nachrichten? Ich entschied mich für den neutralen Weg: »Nein, wir sind noch auf der Suche nach ihnen. Man kann noch nicht zum Haus. Da ist überall Wasser.«

Meine beste Freundin, der ich nach der Nachricht auf dem Weg zur Polizei nicht mehr geantwortet hatte, fragte, ob es irgendwelche Neuigkeiten gebe. Ich brachte sie auf den neuesten Stand der Dinge und schob noch hinterher: »Also, ganz ehrlich, auch wenn das hart klingt. Ich mache mir keine Hoffnung, dass man noch jemanden von den dreien lebend findet.« Die Antwort kam prompt: »Die Hoffnung geben wir als Allerletztes auf.«

Es waren keine fünf Minuten seit der Antwort an Harrys Tante vergangen, da fand ich mich in der Familiengruppe von Harrys Familie mütterlicherseits wieder. Gefühlt im Minutentakt wurde nach Neuigkeiten gefragt. Gleichzeitig wurde eine Gruppe mit den Geschwistern von Harrys Papa gegründet und auch hier gab es viele Nachfragen zum Stand der Dinge. Vielleicht war das meine Aufgabe. Vielleicht konnte ich so doch für Harry da sein, indem ich all diese Anfragen beantwortete. Ich war gerade dabei zu schreiben, dass Harry wieder unterwegs zum Haus sei, da leuchtete mein Display auf. Ein Anruf von »Unbekannt«. Mein Herz sprang kurz. Vielleicht einer der drei.

Ich nahm den Anruf an und war fast ein bisschen enttäuscht, als sich ein Freund meldete. Er war gerade am Haus. Das Wasser war schon ein bisschen zurückgegangen und er gut ausgerüstet, um näher heranzugehen. Wie genau er das machte, weiß ich bis heute nicht. Vielleicht über die Mauer an der Einfahrt. Aber selbst da dürfte er noch tief im Wasser gestanden haben, denn die Einfahrt und das Haus lagen etwas unterhalb der Straße, auf der mittlerweile kein Wasser mehr stand. »Ist Harry auch irgendwo hier?«, fragte er. Ich brachte auch ihn auf den aktuellen Stand und berichtete, dass Nachbarn wohl Harrys Eltern gehört hätten, aber von seinem Bruder jede Spur fehle. »Wo könnte er denn sein?«, fragte er. »Keine Ahnung, sein Zockerraum war in der Scheune. Ich hoffe, dass er da nicht eingeschlossen wurde«, antwortete ich.

»Ich schaue mal, ob ich reingucken kann … Hier liegt ganz viel Zeug rum.«

»Bitte sei vorsichtig.«

Ich hielt den Atem an, während ich hörte, wie er durch das Wasser stapfte. Es verging eine gefühlte Ewigkeit, bis er wieder sprach: »Ich kann hier von draußen nichts sehen. Sieht aber nicht so aus, als läge hier jemand. Aber genau sehen kann ich es nicht.

Ich komme nicht rein. Da ist noch zu viel Wasser und es sind Baumstämme im Türrahmen verkeilt.«

»Danke fürs Nachschauen.«

Ich spürte eine kleine Erleichterung. Wenigstens würde Harry dort (wahrscheinlich) keinen leblosen Körper seines kleinen Bruders finden. Und vielleicht waren sie ja doch woanders untergekommen.

Erst später dachte ich darüber nach, wie ungewöhnlich es eigentlich war, dass wir dieses Telefonat trotz des schlechten Empfangs im gesamten Ahrtal hatten führen können oder eher gesagt dass ich ihn überhaupt verstehen konnte.

Um 14:44 Uhr schrieb Harry: »Es waren jetzt Einsatzkräfte am Haus und an der Scheune, bisher konnte hier niemand gefunden werden. Es kommen gleich Einsatzkräfte, die reingehen.« Außerdem schickte er ein Foto von der Einfahrt, die immer noch voller Wasser war, sodass man selbst jetzt noch nicht zum Haus gehen konnte.

Ich verbrachte diesen Donnerstagnachmittag eigentlich nur damit, Nachrichten zu beantworten. So viele Menschen – Freunde, Bekannte, Familienmitglieder – fragten in sehr regelmäßigen Abständen nach, ob wir schon etwas Neues wüssten, baten darum, mal »kurz« irgendwohin zu fahren, um zu gucken, ob dort jemand war, oder fragten nach, bei welchen Nummern schon jemand als vermisst gemeldet worden sei.

Zwischen all diesen Nachrichten war die von Harrys Schwägerin eine schöne Abwechslung und eine Erinnerung, kurz innezuhalten: »Wir wissen nicht, was wir sonst tun sollen, also schicken wir euch jetzt immer wieder Liebe.« Mal sendete sie nur ein Emoji, mal einen kurzen Text und ich war so dankbar dafür zu wissen, dass jemand an uns dachte und uns in all diesem Chaos wahrnahm.

Kurz vor 16 Uhr klopfte eine Nachbarin meiner Eltern wie wild an die Haustür. Als wir ihr öffneten, fiel mir als Erstes auf, wie aufgewühlt und ängstlich sie aussah. Sie berichtete, dass eine Talsperre gebrochen sei und Ahrweiler evakuiert werden solle. Und ohne diese Nachricht zu prüfen, hielt auch bei uns panische Geschäftigkeit Einzug. Das, was da in der Nacht passiert war, war so unvorstellbar, dass jegliche Art von Krisenszenario plötzlich so realistisch erschien. Und ein weiteres lebensbedrohliches Ereignis war für uns nicht mehr unwahrscheinlich.

»Wir müssen weg! Was nehmen wir mit? Gibt es Wertvolles, das eingepackt werden muss? Was können wir für meinen Bruder einpacken?« Ich beschloss mit meinen Eltern, dass sie für die Nacht auch mit zu uns nach Bonn kommen sollten.

»Die Steinbachtalsperre ist wohl gebrochen. Da kommt wohl wieder mehr Wasser«, schrieb ich an Harry und meinen Bruder. »Bitte kommt zurück!«

Wir packten alles, was uns wichtig erschien. Obwohl ich schon seit einigen Jahren nicht mehr bei meinen Eltern wohnte, packte ich erst an diesem Tag meine Geige ein, um sie zu »retten«. Regelmäßig checkte ich den Standort von Harry und wurde nervöser, je mehr Zeit ins Land ging. »Warum sind sie denn immer noch am Haus?«, fragte ich mich.

»Ihr müsst zurückkommen. Ich mache mir Sorgen«, schrieb ich. Sie hatten ja schließlich noch einen längeren Weg vor sich, um überhaupt zu uns zu kommen. »Ich mache mir Sorgen«, war dabei die Untertreibung des Jahrtausends. Ich hatte Angst, panische Angst. Davor, dass Harry nicht mehr logisch entscheiden konnte und es vielleicht für sinnvoller halten könnte, weiterhin am Haus zu bleiben. Ich betete, dass jemand dort Harry ins Gewissen reden würde und wenn es nur war: »Harry, ihr müsst hier jetzt weg! Ihr könnt heute nichts mehr hier tun.« Umso erleichterter war ich, als mein Bruder endlich schrieb, sie seien auf dem Rückweg. Kurz vor 17 Uhr sammelte Harry Kaia und mich dann ein, während mein Bruder noch das Nötigste zusammenpackte und kurze Zeit später mit meinen Eltern in Richtung Bonn aufbrach.

Aus dem Radio tönte Ariana Grandes Stimme: »Save your tears for another day.«[1]

»Für welchen Tag soll ich meine Tränen aufbewahren?«, fragte ich mich. »Kein Tag hat Tränen so verdient wie heute.«

Es war ein seltsames Gefühl, einfach nach Hause zu fahren, aber mehr konnten wir zu dem Zeitpunkt auch nicht mehr in Ahrweiler machen. Wir hatten die drei bei den Rettungskräften als vermisst gemeldet und verschiedene Notunterkünfte abgeklappert. Über die Personenhotline waren sie sogar mehrfach gemeldet worden, weil einige aus der Familie dort angerufen hatten. Die Krankenhäuser waren zu dem Zeitpunkt noch nicht erreichbar. Aber dennoch: Es fühlte sich falsch an, nicht noch mehr zu tun, und gleichzeitig wollten wir uns selbst in Sicherheit bringen.

Unsere Fahrt bis nach Bonn dauerte an diesem Abend mehr als eineinhalb Stunden, da wir zunächst nach Süden fuhren, weil wir nicht wussten, welche Straßen in Richtung Bonn noch abgesperrt waren. Die A3 von Koblenz nach Bonn schien uns weit genug weg von allem zu liegen, sodass wir diese als sicherste Route nach Hause empfanden.

Immerhin dachten das wohl auch Tausende Hilfskräfte, denn diese ungefähr 90 Kilometer lange Strecke auf der A3 war ein einziger Konvoi an Fahrzeugen von Feuerwehr, THW, Bundeswehr, Polizei und weiteren Hilfskräften aus allen Bundesländern. Die gesamte rechte Spur war nur durch sie befahren. Kaia, die noch in ihrem komplett gelben Outfit steckte, das Harry ihr morgens angezogen hatte, schaute die meiste Zeit der Fahrt nachdenklich aus dem Fenster in den Himmel und umklammerte ihr Kuscheltier.

Als wir um 18:40 Uhr wieder unsere Wohnung betraten, hatte ich das Blaulicht noch immer wie ein blaues Flackern vor Augen, die Töne der Sirenen hallten noch nach. Es war so still. So normal. Es roch so gut, nicht nach Öl, Benzin und Schlamm. Die Abendsonne hüllte unser Schlafzimmer in ein warmes Licht. Es schien, als wäre es ein ganz normaler Sommertag.

Eigentlich hatte ich mich an diesem Tag mit meinen Freundinnen treffen wollen. Das Restaurant, in das wir ursprünglich hatten gehen wollen, war auch vom Hochwasser betroffen, deswegen hatte eine Freundin schon nachmittags eine Alternative vorgeschlagen. Ich antwortete erst jetzt: »Trefft ihr euch gerne. Wir sind hier noch sehr beschäftigt. Der Tag war krass. Harrys Familie wird vermisst. Jede Spur fehlt. Das Haus ist leer, aber das Erdgeschoss war komplett überflutet.«

Am liebsten wäre ich einfach ins Bett gekrochen und hätte diesen Tag beendet, aber ich war noch so voller Adrenalin und wollte verstehen, was da passiert war. Noch viel lieber wäre ich einfach aufgewacht und hätte festgestellt, dass alles nur ein böser Traum gewesen war. Aber ich war hellwach.

Kapitel 4

Kaia schlief schon, als meine Eltern eine halbe Stunde nach uns auch in Bonn ankamen. Mit ihnen kam ein ordentlicher Schwall Dönergeruch vom benachbarten Imbiss durch die Wohnungstür und ich bemerkte erst jetzt, dass ich den ganzen Tag noch nichts gegessen hatte. Morgens waren wir ohne Frühstück losgehastet und mittags bei meinen Eltern war mir absolut nicht nach Essen zumute gewesen. Und selbst jetzt hatte ich schlicht und einfach keinen Appetit. Mein gesamter Magen war mit Nervosität und Angespanntheit gefüllt.

Ich fragte in die Runde, ob wir etwas Kleines zum Abendessen machen sollten, während ich versuchte, die aus Ahrweiler mitgebrachten Kühlsachen meiner Eltern in unserem viel kleineren Kühl- und Gefrierschrank unterzubringen, doch die einstimmige Rückmeldung war: »Ich würde jetzt sowieso keinen Bissen runterbekommen.«

Da saßen wir nun also zu fünft im Wohn-Ess-Arbeits-Zimmer mit Küchenbereich unserer Zweizimmerwohnung. Die Tür zum Garten stand offen, aus dem Innenhof roch man, dass andere Nachbarn grillten, und man hörte laute Musik. Ab und an spritzte Wasser auf unsere Terrasse, weil die Kinder im Nachbarhaus weiter oben auf dem Balkon ausgelassen planschten. Aber wir saßen drin. In jeder der sonst freien Steckdosen steckten Ladekabel von Laptop, Handy und Co, und alle hingen noch vor ihren Handys, beantworteten Nachrichten, informierten ihre Arbeitgeber, dass

Arbeiten auch am morgigen Freitag nicht denkbar war, oder verfolgten einfach nur, was gerade passierte.

In der Familiengruppe wurde besprochen, bei welchen Notunterkünften noch nach Hans, Ella und Franky gefragt werden könnte, welche Bekannten und Freunde der drei mit welchem Erfolg kontaktiert worden waren und wo man noch nachfragen und anrufen oder nachgucken könnte. Es wurde berichtet von Telefonaten, Menschen, die Mut zusprachen, die Hoffnung noch nicht aufzugeben. Es gab unglaublich viele Berichte darüber, wie unkoordiniert noch alles sei, dass Menschen in den Notunterkünften noch nicht vollständig registriert worden seien. Oder aber sie seien in Krankenhäusern und anderswo, wo sie keinen Kontakt zur Außenwelt aufnehmen konnten, weil nirgendwo mehr Netz sei und sie vielleicht keinen Akku oder ihre Handys verloren beziehungsweise zurückgelassen hatten.

Noch an dem Abend des 15. Juli fuhren einige Familienmitglieder in verschiedene Notunterkünfte, um nach den dreien zu suchen. Insbesondere bei der Unterkunft auf dem Betriebsgelände von HARIBO dachte ich: »Sollten sie noch irgendwo sein, dann da.« Immerhin war das die richtige Ahrseite und irgendwie aus Heppingen erreichbar.

Bei vielen der anderen Notunterkünfte schloss ich innerlich kategorisch aus, dort jemanden zu finden. Entweder lagen diese auf der »falschen« Ahrseite oder ahraufwärts, wo schon viel früher diese heftigen Wassermassen geflossen waren. Dort hätten sie gar nicht mehr hinkommen können. Aber auch ahrabwärts waren die Straßen aus Richtung Heppingen teilweise nicht passierbar und es schien einfach extrem unwahrscheinlich, dass sie in einem anderen Lager wären als bei HARIBO.

In der Gruppe wurden Fotos der drei geschickt, damit man diese bei HARIBO zeigen konnte. Aber niemand dort hatte sie gesehen oder wusste, wo sie waren. Dass die Nachbarn uns bereits vormittags berichtet hatten, ein Mann und eine Frau seien weggetrieben worden, das hatten wir den Geschwistern von Harrys Eltern noch nicht kundgetan. Vielleicht weil wir es nicht wahrhaben wollten, vielleicht aber auch, weil wir drei Personen vermissten und es uns so erschien, als würde da ein Puzzlestück in den Erzählungen fehlen, weil immer nur von zwei weggetriebenen Personen die Rede war. Was war dann mit Franky? Und vielleicht... Vielleicht hatten sie sich ja doch retten können und es waren andere Menschen gewesen, die die Nachbarn meinen gehört oder gesehen zu haben.

»Da muss es schlimm gewesen sein«, hallte die Stimme des Nachbarn in mir nach. Nein, ich wollte wirklich nicht, dass ihre Liebsten jetzt hörten oder lasen, was wir schon hatten hören müssen.

Wir redeten kaum miteinander, saßen einfach nur da. Jeder für sich, aber doch in der Gewissheit, nicht allein zu sein.

Um 20 Uhr schalteten wir den Fernseher an, um Nachrichten zu gucken. Ich hatte nur morgens ein paar Artikel einiger Zeitungen überflogen, aber den Tag über hatte ich Besseres zu tun gehabt, als die neuesten Schlagzeilen zu lesen, daher hoffte ich jetzt zu erfahren, was den Tag über so los gewesen war und vor allem auch, was mit der Talsperre passiert war.

Wir saßen da und starrten wie gebannt auf den Bildschirm an der Wand, während Nachrichtensprecher und Reporter Bildmaterial aus dem Westen Deutschlands kommentierten, von dem ich gar nicht fassen konnte, dass das hier – in Deutschland, in dieser Region, in der ich aufgewachsen war – aufgenommen worden war. Obwohl ich mit Harry den halben Tag durchs Ahrtal gefahren war, eröffnete sich mir erst jetzt ein umfassendes Bild. Es gab Tausende Vermisstenmeldungen. Häuser, Brücken, Schienen waren beschädigt oder gar nicht mehr an Ort und Stelle. Existenzen und Lebensträume ausgelöscht, Menschen gestorben. Selbst Reportern fiel es sichtlich schwer, neutral über alle Geschehnisse zu berichten. Es fühlte sich sicher nicht nur für mich so an wie in einem Kriegsgebiet.

Es stellte sich außerdem heraus, dass die Talsperre gar nicht gebrochen war – und selbst wenn dem so gewesen wäre, hätte sich wahrscheinlich für uns keine direkte Gefahr dargestellt. Trotzdem verspürte ich Erleichterung. Darüber, dass wir in Bonn und so weit weg von alldem waren, und darüber, dass sich diese Nachricht als Fake News herausgestellt hatte.

Als es dunkel wurde, holte Harry sein Feldbett aus dem Keller, auf dem mein Bruder in unserem Wohn-Ess-Bereich schlafen wollte, während wir für meine Eltern daneben die Couch auszogen und ihr Lager für die Nacht vorbereiteten. Wir wünschten uns eine gute Nacht, Harry und ich machten uns bettfertig und schlüpften leise ins Schlafzimmer, wo wir Kaias ruhiges Atmen im Schlaf hörten.

Während ich mit weit offenen Augen an die dunkle Zimmerdecke starrte, hörte ich, wie sich meine Eltern und mein Bruder im angrenzenden Badezimmer nacheinander bereit für die Nacht machten. Ich hörte, wie die Straßenbahn vor unserem Haus an der Haltestelle anhielt und wieder Fahrt aufnahm, wie sich Menschen draußen unterhielten. Normalerweise hatte ich keine Probleme beim Einschlafen. Harry zog mich sogar regelmäßig damit auf, wie schnell ich wirklich tief schlafen konnte.

Aber heute war alles anders. Der Tag wirkte noch in mir nach. Die Fahrt, die Bilder aus den Nachrichten, die Berichte der Nachbarn, dieses Gefühlschaos – zwischen Hoffen und Verzweifeln, zwischen Panik und Erleichterung. Ich dachte über den Tag zuvor nach, den 14. Juli. Den ganzen Tag hatte es wie aus Eimern geschüttet. Mein Bruder, der im Schwarzwald studierte und für eine Prüfung vor Ort gewesen war, war an diesem Tag die knapp 400 Kilometer zurück in Richtung Ahrweiler gefahren.

Weil er mit mir seinen Standort geteilt hatte, hatten meine Eltern regelmäßig nach Updates gefragt, wo er gerade war. Mittags hatte zu allem Überfluss auch noch die Batterie seines Autos den Geist aufgegeben, und als der Motor wieder lief, wurde ihm geraten, ihn jetzt auch besser durchgängig laufen zu lassen. Zudem war weiterer Starkregen am Abend angekündigt worden – weit mehr als das, was da den ganzen Tag schon vom Himmel gefallen war. Keine optimalen Bedingungen, um Auto zu fahren. Und obwohl ich wusste, dass er ein ausgesprochen guter Fahrer war, hatte sogar ich mir Sorgen gemacht, ob er es rechtzeitig vor dem angekündigten Wolkenbruch nach Hause schaffen würde und ob er dann noch über die Ahrbrücken fahren konnte.

An diesem 14. Juli, einem Mittwochabend, führte die Ahr schon hohes Wasser. Das wusste ich aus diversen Instagram Stories aus höher liegenden Ahrdörfern. Wenn es jetzt noch so regnen würde, dann würden bestimmt auch einige Brücken gesperrt werden, dachte ich.

Als mein Bruder an einem bestimmten Punkt seiner Route war, gab ich meinen Eltern Bescheid und wies sie an, in Richtung Werkstatt loszufahren, da er dort das Auto zum Checken der Batterie am nächsten Tag abstellen wollte, sodass sie ihn ohne Wartezeit einsammeln und mit ihm wieder nach Hause fahren konnten. Der Plan glückte. Und noch besser: Der weitere Regen blieb aus.

Währenddessen bekam ich schon das erste Video aus Dernau mit strömendem Wasser in einer Straße. Ich konnte nicht zuordnen, wo das war, schrieb meiner Mutter aber: »Gut, dass ihr so weit oben wohnt. Passt auf euch auf!«

Etwas später schickte sie mir noch eine Nachricht: *»Ich aber singe von deiner Macht. Früh am Morgen juble ich dir zu, weil du so gnädig bist. Du bietest mir Schutz wie eine sichere Burg; zu dir kann* *ich in der Not fliehen«* (Psalm 59,17). Und den Nachsatz: »Versprechen. Heute.«

Ich dachte darüber nach. Galt dieses Versprechen von Gottes Gnade und seinem Schutz nicht für alle? Warum hatte ich nur an meinen Bruder gedacht? Warum nicht auch an meine Schwiegereltern? Obwohl sie doch viel weiter unten wohnten als meine Eltern. »Gut, dass ihr so weit oben wohnt.« Irgendwas in mir hatte ja scheinbar verstanden, dass es weiter unten, näher an der Ahr, nicht so sicher war. Es war nicht so, als hätten wir gar nicht gefragt, wie die Lage in Heppingen war. Franky hatte noch kurz nach 19 Uhr im Familienchat geschrieben, dass alles »in Butter« sei, während bei uns in Bonn schon die Feuerwehr in der Nachbarschaft unterwegs gewesen war und offenbar Keller auspumpte. Warum …? Mitten in meine Gedanken hörte ich Harrys Schnarchen. Und wider Erwarten beruhigte es mich. Er konnte schlafen. Ich schmiegte mich an ihn, schloss die Augen und schlief auch bald ein.

In dieser Nacht wachte ich häufig auf. Jedes ungewohnte Geräusch ließ mich aufschrecken. Ich hörte, dass meine Mutter mehrfach das Badezimmer aufsuchte und sich auch übergeben musste. Ich war wohl nicht die Einzige, die die Geschehnisse auch körperlich beschäftigte. Als ich noch mal zur Toilette musste, entdeckte ich frisches Blut am Toilettenpapier. Ich wusste, dass man in bestimmten Situationen und vor allem bei bestimmten Symptomen besser nicht googeln sollte, und dennoch tippte ich in die Suchleiste »Blut im Stuhl« ein. Dort wurden allerlei ernsthafte Erkrankungen als Grund angegeben und es wurde zur sofortigen ärztlichen Abklärung gedrängt. Ich beschloss, die Nacht abzuwarten. So etwas hatte ich noch nie gehabt. »Wahrscheinlich war mir einfach alles zu viel und mein Körper versucht, eine adäquate Reaktion abzugeben«, lautete mein Versuch, mir eine harmlose Erklärung herzuleiten.

Als Kaia kurz nach 2 Uhr aufwachte und gestillt werden wollte, fragte ich mich, wie ich jemanden stillen sollte, wenn ich doch selbst gar nicht still war. Zur Ablenkung nahm ich mein Handy in die Hand. Vielleicht könnte ich so meine herumschwirrenden Gedanken irgendwie bündeln. Als ich WhatsApp öffnete, sprang mir sofort der Chat mit Harrys Cousine, die gleichzeitig auch eine gute Freundin ist, ins Auge: »Hallo ihr Lieben, wie geht es euch? Wir denken so sehr an euch!!! Denkt ihr, man könnte vielleicht so was auf Social Media posten? Oder würden sie das lieber nicht wollen? Da hat man ja doch mehr Kontakte als bei WhatsApp ...« 23:53 Uhr. Die nächste Nachricht, nur eine Minute später, war ein Bild mit weißer Schrift auf schwarzem Hintergrund:

»Wir suchen
HANS, ELLA & FRANK
aus Heppingen, AW
Hat jemand etwas gesehen oder gehört?
Wir sind für jeden Hinweis dankbar!!!«

Darunter ein Foto von den dreien. Mein Herz schlug bis zum Hals. »Hat jemand etwas gesehen oder gehört?« Ich dachte an die Nachbarn und wünschte mir in dem Moment, nichts von den Berichten zu wissen. »Da muss es schlimm gewesen sein.«

Mir war so unglaublich schlecht. Ich antwortete nicht. War ich in der Position zu entscheiden, ob das geteilt werden sollte? Diese Entscheidung sollte Harry treffen. Ich öffnete den Familienchat von Harrys Familie mütterlicherseits und sah, dass dort zwischenzeitlich auch schon dieselbe Frage gestellt worden war und dass einige Familienmitglieder das Bild schon in ihrem Status geteilt hatten. Na ja, auch gut. Eine Entscheidung weniger, die Harry zu treffen hatte. In diesem Moment war ich so dankbar für die Stillhormone, die mich müde werden ließen, sodass ich mein Handy zur Seite legte und schnell wieder einschlief. »Morgen ist ein neuer Tag«, dachte ich. »Morgen wird alles besser!«

KAPITEL 5

Doch nach kurzer Zeit lag ich wieder wach im Bett, hörte den Nachtbus vorbeifahren und die Vögel im Dunkeln ihr morgendliches Lied anstimmen. Kaia und Harry schliefen noch friedlich. Mir gingen tausend Gedanken durch den Kopf, doch ich bekam keinen einzigen zu fassen. Es war, als hätte jemand unzählig viele Schnüre an Gedanken in meinem Gehirn miteinander vermengt und verknotet. Es gab keinen Anfang und kein Ende. Die letzten beiden Tage liefen wie in einer Dauerschleife vor meinem inneren Auge ab. Hätten wir an irgendeinem Punkt einen anderen Weg eingeschlagen, hätten wir sie einfach zu uns geholt, dann wären wir jetzt nicht in dieser Situation. Hätte, wäre, wenn ... Dieser Konjunktiv machte mich verrückt. Der Weg war schon gegangen, warum suchte ich nach einer Ausweichroute?

Ich war unglaublich müde. Aber diese Wellen aus Gedanken türmten sich immer wieder vor mir auf und überspülten mich. Ich versuchte, die Gedanken zu bündeln, an etwas Schönes zu denken. Ich wollte schlafen, denn ich brauchte Energie für den nächsten Tag. Die nächsten Tage, die nächsten Wochen. Auf einmal hörte ich im Innern ganz klar die Stimme meines Bruders, wie er uns am Strand von Waikiki Surf-Instruktionen gegeben hatte: »Wenn die Wellen kommen, dann drückst du das Board nach unten unter der Welle durch. Dann kannst du weiterpaddeln.«

Ich konzentrierte mich auf diesen Gedanken: Durch die Welle *hindurchtauchen*, wenn ich sie nicht reiten will. Luft holen – warten, bis die Welle sich direkt vor mir aufbäumt – *durchtauchen.* »Wie ironisch. Es gab eine Überflutung. Und du denkst an Wellen?«, fragte ich mich. *Atmen. Durchtauchen.* Wie ein Mantra wiederholte ich diesen Gedanken. *Durchtauchen. Durchtauchen.* «Dann kannst du weiterpaddeln.«

Die Gedanken wurden schließlich ruhiger. Nur eines konnte ich nicht wegdrücken: die Angst um Harry. Die Sorge, dass ihn am nächsten Tag die Emotionen oder die Berichte der Nachbarn einholen und er sich in Gefahr bringen könnte. Ich konnte absolut nicht einschätzen, welche Gefahren lauerten oder ob es eventuell noch Nachwirkungen geben könnte.

Um 4:35 Uhr schrieb ich Harrys bestem Freund eine Nachricht, der am nächsten Tag auch nach Heppingen zum Haus seiner Mutter fahren wollte, und bat ihn darum, auf sich, aber auch auf Harry aufzupassen. Ihm vertraute ich, dass er vernünftig handeln konnte. Danach wurde auch diese Stimme der Angst leise. Oder zumindest leiser.

Als ich einige Stunden später langsam wach wurde, dachte ich kurz, all das sei ein schlechter Albtraum gewesen. Aber noch bevor ich meine Augen öffnete, hörte ich die murmelnden Stimmen meiner Eltern und meines Bruders im anderen Zimmer. Dann der Blick aufs Handydisplay, eigentlich, um die Uhrzeit zu erfahren, aber schon auf meinem Sperrbildschirm sah ich unglaublich viele neue Nachrichten, auch in diversen Gruppen.

Ich setzte mich im Bett auf. Nein, das war kein böser Traum gewesen. Das war meine, es war unsere Realität.

Schnell verschwand ich im Bad, da ich das Gefühl hatte, kaltes Wasser zu brauchen, um klar denken zu können. Alles fühlte sich so unwirklich, so vernebelt an. Harry hatte am Vortag schon angekündigt, dass er heute Vormittag wieder zum Haus fahren würde, und ich wusste nicht, was meine Eltern nach der Falschmeldung über die Talsperre vorhatten zu tun. Ich hatte außerdem Sorge, ich könnte ein ernsthaftes Problem haben und müsste mich ärztlich vorstellen. Meine Hoffnung, kein Blut mehr in der Toilette zu sehen, wurde enttäuscht. Entgegen aller Vernunft googelte ich erneut. Was, wenn ich jetzt ins Krankenhaus musste? Kaia würde ich mitnehmen müssen, da ich sie noch stillte. Harry wäre dann ganz allein. Panik kam in mir hoch. Vielleicht auch etwas Wut. Gerade jetzt musste ich doch funktionieren! Jetzt, wo es drauf ankam, konnte ich doch nicht ausfallen!

Vorsichtshalber berichtete ich Harry davon, der mir sagte, was ich eigentlich nicht hören wollte: »Du musst zum Arzt.« Bei uns in der Straße gab es keine hundert Meter weiter einen Arzt, zu dem wir sehr sporadisch gingen. Zuletzt war ich irgendwann im Sommer 2019 bei ihm gewesen – ganze zwei Jahre zuvor. Ein richtiges Vertrauensverhältnis pflegte ich also nicht zu ihm, ich empfand ihn auch nicht als sonderlich kompetent. Aber die Not war groß genug, um ihn zurate zu ziehen.

Harry machte sich, nachdem er Gummistiefel gekauft hatte, gegen 10 Uhr auf den Weg in Richtung Heppingen, während ich in die Arztpraxis ging. Als ich die Praxistür aufzog, begrüßte mich gähnende Leere im Wartebereich. Am Empfang begrüßten mich gleich alle drei Arzthelferinnen und erfragten, weswegen ich da sei. Bei der Schilderung meiner Beschwerden brach ich in Tränen aus und rang nach Luft, als ich erläuterte, dass von meinen Schwiegereltern und meinem Schwager nach dem Hochwasser an der Ahr jede Spur fehlte. Vielleicht waren meine Beschwerden ja auch mit meinen damit verbundenen Gefühlen verbunden.

Keine zehn Minuten später erzählte ich dem Arzt das Gleiche noch mal, aber diesmal ohne Tränen. Ich erklärte ihm auch, dass ich gerade stillte. Er nahm alles schweigend zur Kenntnis, tippte etwas in seinen Computer ein, stellte ein paar Fragen, sagte, es könne auch an einem hohen Blutdruck liegen, und fragte dann stumpf: »Können Sie abstillen?« Perplex verneinte ich. »Ich schreibe Ihnen etwas auf. Das wird Ihnen helfen, aber das können Sie nur nehmen, wenn Sie nicht stillen«, fuhr er unbeeindruckt fort. »Und ein Mittel, bei dem ich weiterstillen kann, gibt es nicht?«, fragte ich. »Nein«, antwortete er und drückte mir das Rezept in die Hand. »Alles Gute.«

Mit dem Rezept in der Hand verließ ich die Praxis und überlegte kurz, ob es nicht doch eine Option sein könnte abzustillen. Doch nein, das wollte ich nicht. Erstens schreckte es mich ab, nachts Flaschen zuzubereiten. Und zweitens wollte ich nicht für Kaia alles auf den Kopf stellen. Mit Sicherheit merkte auch sie, dass uns etwas beschäftigte und zusetzte. Ich suchte online nach dem Medikament, das er mir verschrieben hatte, und fand heraus, dass es ein Antidepressivum war. »Wow«, dachte ich. »Wie einfühlsam.« Ich fühlte mich absolut missverstanden. Ja, ich war aufgewühlt. Ja, ich fühlte die Unruhe in mir. Aber all das sofort betäuben? All diese Emotionen unterdrücken? Ohne weitere Erläuterung? Nein. Ich zerriss das Rezept und warf es in den nächstbesten Mülleimer.

Auf dem kurzen Weg nach Hause las ich die Nachricht meiner Freundin, mit der ich schon am Vortag Kontakt gehabt hatte. »Ruf mal bitte meinen Papa an«, stand da. Und darunter seine Nummer. Ihr Papa war ein Freund von Hans.

Ich fragte mich, ob er wohl mehr wusste als wir oder ob er wissen wollte, was der aktuelle Stand bei uns war.

Ich öffnete die Wohnungstür und berichtete kurz von meinem Arztbesuch. Meine Mama teilte meine Wut darüber, nicht ernst genommen zu werden, und begann damit sich schlau zu machen, welche pflanzlichen Mittel mir gegebenenfalls helfen könnten. »Wir gehen gleich mal mit Kaia einkaufen und gucken, ob es da was gibt für euch«, sagte sie.

Auch Harry erkundigte sich per WhatsApp, was der Arzt gesagt hatte und ich schrieb ihm, dass ich zur allergrößten Not wirklich lieber ins Krankenhaus fahren und mir da helfen lassen würde, als direkt und ohne ausführliche Gespräche und Diagnosen Antidepressiva zu nehmen und gleichzeitig abzustillen. Am liebsten hätte ich gefragt, wie die Lage bei ihm war. Doch ich wollte nicht, dass er nur damit beschäftigt war, mir alles wiederzugeben. »Dazu hat er noch genügend Möglichkeit, wenn er wieder da ist«, dachte ich. »Und solange er sich nicht meldet, betrachte ich es als Zeichen dafür, dass er auch keinen Toten gefunden hat«, versuchte ich mir schönzureden, dass ich nichts von ihm erfuhr.

Meine Eltern gingen wie versprochen mit Kaia nach draußen und ich verschwand auf die Terrasse, um den Vater meiner Freundin anzurufen, ohne meinen Bruder beim Lernen zu stören. Ich merkte, wie nervös ich war. Ich mochte es in meinem Alltag auch nicht, bei Ärzten anzurufen oder sonst wo Termine auszumachen. Wenn es ging, dann versuchte ich, ein Telefonat mit Fremden immer zu umgehen. Und auch wenn mir ihr Vater nicht fremd war, so machte es mich doch nervös, nicht zu wissen, was er mir zu sagen hatte.

Ich hörte das Freizeichen, lief im Garten auf und ab und wartete. Aber er hob nicht ab. Nach ein paar Minuten versuchte ich es erneut – ohne Erfolg. Also rief ich meine Freundin an, um ihr mitzuteilen, dass ich ihn nicht erreichen konnte. Ihre Stimme klang traurig und auch irgendwie hilflos, als sie den Anruf entgegennahm. »Ich geb dir mal besser meine Mama«, sagte sie nur. Das Telefon wurde weitergereicht und ich hörte die Stimme ihrer Mutter:

»Hallo Vivien, wir haben schlechte Nachrichten für euch. Es sieht leider nicht gut aus.«

»Habt ihr sie gefunden?«, fragte ich. »Nein«, sagte sie und berichtete dann davon, dass ihr Mann in Heppingen gewesen sei und mit Nachbarn gesprochen habe, die berichtet hätten, dass Harrys Familie weggeschwemmt worden sei.

»Wir haben gestern auch schon mit den Nachbarn gesprochen. Wir wissen, was sie berichten«, antwortete ich fast patzig. Es tat weh, das alles noch mal von ihr zu hören. Mir liefen die Tränen die Wangen herunter. Die Worte des einen Nachbarn wurde ich einfach nicht los: »Da muss es schlimm gewesen sein.« Ich hörte, wie auch sie am anderen Ende weinte. »Aber wenn es keine Hoffnung mehr gibt, dann sind sie jetzt bei Gott«, sagte ich. Sie bejahte: »Sie sind bei Gott.« Wir sprachen noch eine Weile und weinten gemeinsam, bevor ich auflegte.

Ich war so wütend. Nicht auf sie, nicht auf andere Menschen. Sondern auf die Tatsache, dass uns niemand etwas anderes sagen konnte als das, was wir schon wussten: »Es sieht leider nicht gut aus.« Ich war so fassungslos. Fassungslos darüber, dass jemand Angehörigen brühwarm erzählte, wie schlimm es gewesen sein musste, wenn auch unter Schock. Ich merkte, wie mich der Gedanke an Details aus der Nacht herunterzog.

Luft holen – Durchtauchen – Frieden finden.

Um mich vom Fallen abzuhalten, versuchte ich, mir vorzustellen, wie ich ins Wasser eintauche, während die Welle tosend über mir bricht. Alles, was über der Wasseroberfläche laut ist, wird dabei dumpf und leise. Es ist friedlich. Genau diesen Frieden brauchte ich im Moment.

Als meine Eltern vom Einkaufen zurückkamen, brachten sie ein Präparat für mich mit, das ich einmalig nehmen konnte und das mir tatsächlich half, zur Ruhe zu kommen. Ich konnte mittags sogar das erste Mal wieder etwas essen.

Bei meinem Bericht von dem Telefonat mit der Mutter meiner Freundin merkte meine Mutter, wie sehr mich alles aufwühlte. »Komm, lass uns mal beten«, sagte sie. Den ganzen Tag war ich nur mit mir und meinen Gedanken und Sorgen beschäftigt gewesen, ohne etwas davon abzugeben. Ich brauchte dringend einen Perspektivwechsel und wollte den Blick nach oben richten, weg von mir.

Mein Vater gesellte sich zu uns, und so standen wir im Esszimmer – Mama zu meiner Rechten, Papa zu meiner Linken. Während meine Eltern für mich beteten, starrte ich auf die Bilderleiste über unserem Esstisch. Darauf stand die Leinwand, auf die ich in unseren Flitterwochen auf Mauritius eine Welle gemalt hatte. Eine Welle. Als würde mich dieses Bild begleiten, als sollte es mich begleiten. *Durchtauchen – Eintauchen.* Und als wäre das nicht genug, beteten meine Eltern für übernatürlichen Frieden. Nicht für mehr, nicht für weniger.

Für diesen Frieden, den ich mir so sehr wünschte und den ich so sehr brauchte.

Gegen Nachmittag packten sie ihre Sachen zusammen und machten sich auf den Weg zu Freunden, die nur einige Kilometer von uns entfernt wohnten und bei denen sie in einem eigenen Stockwerk unterkommen konnten, bis sie wieder ihr Haus in Ahrweiler beziehen konnten oder wollten.

Mein Bruder blieb bei uns. Er musste erst am darauffolgenden Montag für seine nächste Klausur wieder an der Uni sein.

Was für ein seltsamer Tag! Da ich nicht wirklich etwas von Harry hörte, fühlte es sich für mich in Bonn fast an wie ein normaler Tag. Ich konnte nichts tun, außer für Kaia das normale Leben weiterlaufen zu lassen. Und trotzdem war nichts mehr normal. Alles, was ich auf Social Media sah, war Schlamm. Alle Freunde und Bekannten aus dem Ahrtal teilten irgendwelche Hotlines und Informationen, wie man an sauberes Brauch- oder Trinkwasser kommen konnte, welche Straßen passierbar waren oder wo Helfer benötigt wurden. Ganz abgesehen von den unglaublich vielen Posts und Stories, in denen Informationen über vermisste Personen erfragt wurden.

Mein anderer Bruder, der zu der Zeit in Schweden studierte, schrieb mir: »Ich weiß nicht, was ich machen soll. Soll ich nach Hause kommen?« »Ich auch nicht«, dachte ich nur und antwortete: »Du kannst nicht nach Hause kommen. Bei Mama und Papa gibt es keinen Strom und sie sind gerade selbst nicht zu Hause. Hier kannst du im Moment nicht viel tun.«

Zwar hätte ich ihn unglaublich gern um mich gehabt, ihn ganz fest umarmt und ihm gesagt, wie unglaublich froh ich war, ihn als Bruder zu haben. Aber ich versuchte nicht nur emotional, sondern logisch zu entscheiden. Und zu dem Zeitpunkt gab es einfach genug Menschen in der näheren Umgebung, die anpacken konnten, da musste er nicht extra aus Schweden einfliegen. Und vielleicht versuchte ich auch, ihn ein bisschen vor all dem Leid und Chaos zu schützen.

In der Familiengruppe mit seinen Halbbrüdern berichtete Harry, dass die BILD-Zeitung die Vermisstenanzeige, also das Bild, das Harrys Cousine nachts geschickt hatte, am folgenden Tag veröffentlichen würde, und fragte nach, ob das für alle in Ordnung sei, damit ein Cousin alles dafür Nötige in die Wege leiten konnte.

Ziemlich zeitgleich legte er ein Album in der Cloud an, in dem alle Fotos vom Haus und Grundstück geteilt werden konnten. Seine Halbbrüder und mich lud er zum »Bearbeiten« ein, sodass ich die knapp 80 Fotos sehen konnte, die Harry über den Tag in Heppingen gemacht hatte.

Meine Hände begannen zu zittern, als ich das Album öffnete. Auf den ersten Fotos sah man das Haus von außen. Zerborstene Fenster im Erdgeschoss, hinter denen die Gardinen und die Deko-Herzen aussahen, als wäre nichts gewesen. Das Auto, das zwischen Haus und Mauer an der Einfahrt quer stand. Pflanzen und Wurzeln hatten sich an den Seitenspiegeln verfangen. Ein Stuhl hing seitlich am Auto. Das Fenster an der Fahrerseite war offen und beim

Blick ins Auto sah man nur Schlamm. Schlamm auf den Sitzen, im Fußraum, in den Lüftungsschlitzen und sogar hinter den Displays und Anzeigen.

Hinter dem Auto eröffnete sich der Blick in den Hof und auf Hans' Werkzeugschuppen. Auch hier sah man allerlei Schwemmgut: kleine und größere Pflanzen, Gestrüpp, Baumstämme und ein Bauwagen, vermutlich aus dem angrenzenden Neubaugebiet, der sich im Hof verkeilt hatte. Die Eingangstür zur Scheune war offen, aber komplett blockiert durch Baumstämme, ein Fahrrad und lauter anderes Zeug, das ich nicht genau erkennen konnte. Neben der Tür war ein großes Fenster, das nicht gesprungen war und durch das man in die Scheune hineinblicken konnte. Ich sah, dass nur noch ein Holzpaneel wie eine Hängematte an der Decke hing. Die schwere Holztür zum Speicher im oberen Geschoss der Scheune war ausgehängt und sah gefährlich danach aus, komplett aus ihrer Schiene zu springen und nach unten zu stürzen. Die Rückseite der Scheune wirkte ungewohnt kahl, denn die Überdachung der Terrasse war komplett verschwunden. Nur die kleinen abgerissenen Holzstummel, die zwischen den Fliesen verankert waren, erinnerten daran, dass dort einmal starke Holzpfeiler gestanden haben mussten. Auch die Scheunentür zum Garten hin war verschwunden. Dort klaffte nun ein ungefähr zwei mal drei Meter großes Loch, das von dem ehemaligen Tor hätte verschlossen werden können. Das dreifach verglaste Fenster von Frankys Raum war in spitze Kanten gebrochen, besprenkelt und wie mit großen Pinselstrichen mit Schlamm bemalt. »Fast könnte man meinen, das ist moderne Kunst«, dachte ich. Doch dahinter sah man wieder die Verwüstung und ich konnte mir nicht annähernd vorstellen, welche enormen Kräfte das Wasser dort gehabt haben musste. Das Klavier lag auf dem Boden, massive Möbel waren übereinandergeschoben, als hätten sie kein Gewicht. Lautsprecherboxen, Computer und Bürostuhl lagen in knöcheltiefem Schlamm. Ich wischte von Foto zu Foto. Scheunenküche, Bad in der Scheune, die direkte Nachbarschaft, der Garten. Alles war verwüstet, kaputt, voller Schlamm. An den Schuppen im hinteren Bereich des Gartens erinnerten nur noch ein paar Ziegelsteine, die im Gras lagen. Hätte man nicht gewusst, dass es ein kleines Gewächshaus für Tomaten und anderes Gemüse gegeben hatte, dann hätte man nicht einmal bemerkt, dass an dem Standort etwas fehlte.

Im Haus ging es ähnlich weiter. Überall lagen Möbel, versperrten den Weg. Die erste Treppenstufe war nicht zu sehen – so hoch stand der Schlamm. Die Holzverkleidung an den Wänden und Decken wellte sich in jedem Raum. Im Wohnzimmer lagen Möbel auf dem Kronleuchter, daneben CDs und Videokassetten. Ich schmunzelte, als ich mich an die Videos erinnerte, die Harry als kleines Kind zeigten, und wurde im nächsten Moment traurig, weil auch diese jetzt nicht mehr zu retten waren. Ich scrollte weiter, schüttelte den Kopf. Ich konnte es einfach nicht glauben: Das sollte das Haus meiner Schwiegereltern sein? Es sah so fremd aus. Und doch erinnerten mich die Bilder an den Wänden, die Dekoration und die ganzen kleinen Details, die noch zu erkennen waren, wieder an die schmerzliche Realität. Die sattgrünen Weinreben an der Landskrone, der Felskuppe oberhalb des Hauses, und der blaue Himmel betonten das Ausmaß der Zerstörung besonders, denn sie standen in einem so direkten Kontrast zu Schutt und Schlamm. Es wirkte fast surreal: ein Schlachtfeld bei schönstem Wetter.

Auch im Badezimmer in der Zwischenetage herrschte noch großes Chaos, aber ein paar Stufen weiter oben im ersten Stockwerk, da, wo die Schlafräume waren, sah alles aus wie immer. Das Bett von Hans war nicht gemacht. Ellas hingegen sah aus, als hätte sie noch nicht darin geschlafen. Wären sie doch einfach ins Bett gegangen, dann wäre ihnen nichts passiert. Hat Hans vielleicht schon geschlafen und Ella hat ihn wieder geweckt? Wollten sie weg?

Anhand der Schlammablagerung an den weißen Wänden im Treppenhaus war erkennbar, dass das Wasser wirklich an der allerletzten Stufe vor dem ersten Stock stehen geblieben war. Ein paar Millimeter höher, und auch dieses Stockwerk wäre voller Schlamm gewesen.

Im Keller war noch Wasser, deswegen konnten sie dort noch nicht rein. »Hoffentlich war da niemand mehr drin«, dachte meine Stimme der Angst. In meinem Kopf kam sofort der Wunsch auf, dafür zu sorgen, dass Harry nicht allein in den Keller ging, und vor allem nicht als Erster. Ich wollte um jeden Preis vermeiden, dass er dort jemanden fand. Zum Glück waren Harry und seine Halbbrüder nicht allein dort. Denn auf den Fotos sah ich unseren Freund, der am Vortag schon mit mir telefoniert hatte. Außerdem erkannte ich Harrys Onkel und einen Cousin.

Als er abends wieder die Wohnung betrat, hatte Harry die Hände voll. In unserem Flur stellte er nicht nur Ordner voller Dokumente, sondern auch Bilder ab, die in Heppingen im Treppenaufgang zum ersten Stockwerk gehangen hatten. Vermutlich hatten sie sich nur ein paar Zentimeter über der Wasserlinie befunden. Unter anderem war darunter ein großer Bilderrahmen mit vielen ausgeschnittenen Fotos von Menschen, die Ella besonders wichtig gewesen waren. Alle hielten dabei ein großes Holzherz als Rahmen fest, das Ella selbst gebaut hatte.

»Was sollen wir denn damit?«, dachte ich fast verärgert. »Will Harry das hier etwa aufhängen?« Außerdem hatte er den Familienkalender dabei, der im Flur im Erdgeschoss gehangen hatte und somit wirklich komplett verschlammt war.

»Was sollen wir damit?«, fragte ich diesmal laut.

»Den Kalender muss ich abwaschen und trocknen. Vielleicht haben sie Termine, die wir kurzfristig absagen müssen«, antwortete Harry.

»Und die Bilder?«, fragte ich.

»Die bewahren wir auf, bis sie wieder da sind«, sagte er.

Bis sie wieder da sind. Glaubte Harry wirklich, dass sie wiederkommen würden?

Ich wusste nicht, wie ich mit dieser Aussage umgehen sollte, also nahm ich sie ohne weiteren Kommentar hin. Gleichzeitig bedeutete sie für mich, dass ich meine Trauer erst mal für mich behielt. Scheinbar glaubte Harry noch jemanden lebend zu finden – was ich nicht tat. Könnte ich, sollte ich oder müsste ich ihm diese Hoffnung vielleicht sogar nehmen? Es war schließlich erst ein Tag vergangen. Ich empfand es als falsch, ihm in diesem Moment meine Gedanken aufzuerlegen oder durch meine Trauer seine vorwegzunehmen. »Hoffentlich werden sie bald gefunden. Aber hoffentlich nicht von Harry. Hoffentlich gibt es bald Gewissheit«, dachte ich für mich.

An diesem Abend sprachen wir nicht darüber, was Harry den Tag über erlebt hatte, wie er sich fühlte oder was er dachte. Ich war dankbar dafür, dass Harry zumindest das Album mit Fotos aus dem Haus für mich freigegeben hatte, sodass ich ein bisschen nachempfinden konnte, was er gesehen hatte, und eine Vermutung aufstellen konnte, wie es ihm mit dem Erlebten nun so gehen musste. Zum Nachdenken kamen wir aber nicht, denn wir waren beide wieder damit beschäftigt, Nachrichten zu beantworten, Dinge zu organisieren, verschlammte Dokumente zum Trocknen aufzuhängen oder Hilfswillige mit den nötigen Infos zu versorgen.

Wir hörten außerdem davon, dass Plünderer im Ahrtal unterwegs seien, die in die gerade einfach zugänglichen und unbewohnten Häuser einbrachen und insbesondere nach Wertgegenständen suchten. Harry fasste deswegen den Entschluss, am nächsten Tag alle wichtigen und wertvollen Gegenstände und weitere Unterlagen einzupacken und mitzunehmen. »Wie dreist kann man sein?«, fragte ich. Wie konnten Menschen sich an der Notlage von anderen bereichern, die gerade alles verloren hatten?

Kurz vor dem Zubettgehen bemühte ich wieder die Suchmaschine und tippte in das Suchfeld »Wie sehen Wasserleichen aus?« ein.

Ich wünschte, ich hätte es nicht getan, denn die Bilder, die ich anschließend zu sehen bekam, gingen mir so schnell nicht mehr aus dem Kopf. Ich musste wirklich unbedingt jemanden finden, der mit Harry vor Ort sein konnte.

Zum Glück stand das Wochenende vor der Tür und es war nicht allzu schwer, jemanden zu finden, der bei Harry mitfuhr und der wusste, dass noch nicht klar war, was da im Keller auf ihn wartete. Ich war dankbar dafür, dass Harry auch während der Autofahrt nicht allein, sondern von Freunden oder Familienmitgliedern umgeben war. Meine Sorge war, dass er in der Zeit, die er allein verbrachte, ins Grübeln kam oder vielleicht von seinen Emotionen gepackt werden könnte. Ein Zusammenbruch beim Autofahren war wirklich keine schöne Vorstellung für mich. »Was, wenn er dann die Kontrolle über das Auto verliert?« Aber selbst mitfahren konnte ich eben auch nicht. Was sollte ich mit einem Stillkind, das auf dem Boden herumrobben möchte, in einem solchen Umfeld machen? Und ich konnte ihn sowieso nicht vor dem schützen, was er dort sah und erlebte.

Ich erinnerte mich an das Versprechen, das ich Harry bei unserer Hochzeit gegeben hatte: »Ich werde dich jeden Tag im Gebet vor Gott bringen.« Selbst wenn ich nichts tun konnte, um bei Harry zu sein, so konnte ich wenigstens für ihn beten. Ihn »umbeten«, ihn in Gottes Hände abgeben, in dieser Situation auf Gott vertrauen und übernatürlichen Frieden für ihn erbitten. Und trotzdem kam ich auch an diesem Abend erst zur Ruhe, als ich ganz sicher war, dass Harry schlief.

Kapitel 6

Normalerweise starteten wir das Wochenende im Sommer mit einem gemütlichen gemeinsamen Frühstück auf der Terrasse. An diesem Wochenende war alles anders. Als Kaia um kurz vor halb sieben wach wurde, beeilte ich mich, sie anzuziehen, ohne dass Harry aufwachte. Im Wohnzimmer schlief noch mein Bruder, also blieb uns nur der Weg nach draußen. Das Wetter war traumhaft. Die Luft war noch kühl, aber die Sonnenstrahlen wärmten meine Haut auf dem Weg zum Rhein. Die Vögel zwitscherten, es waren kaum Menschen unterwegs. Der Tag fühlte sich völlig unverbraucht an.

Doch meine übliche Spazierroute am Rheinufer entlang konnte ich nicht einschlagen, denn auch der Rheinpegel war deutlich und sprunghaft gestiegen. Und es war, als würde ich erst mit diesem sichtbaren Hochwasser begreifen, in welcher Situation wir uns befanden. Als müsste ich mir jeden Tag neu bewusst werden, was passiert war. Und vielleicht musste ich das wirklich. Jeden Tag neu einschätzen, was wichtig war, was gebraucht wurde, was meine Rolle sein konnte. Von Tag zu Tag zu leben.

Für diesen Samstag war solch ein Start in den Tag genau richtig. Es tat unglaublich gut, unterwegs zu sein, ohne ständig auf das Handy zu starren, ohne über schwere Dinge reden zu müssen. Da waren nur meine Tochter und ich. »Was für ein Geschenk, dieses kleine Wesen«, dachte ich. Kaia war bester Laune, lachte und staunte über das Rauschen des Windes in den Bäumen, beobachtete die Vögel und freute sich über das Läuten der Straßenbahn. Es war so erdend, mit ihr über diese kleinen Wunder zu staunen und diese pure Freude zu erleben. Auf dem Rückweg kaufte ich noch destilliertes Wasser, Küchenrolle, Desinfektionsmittel und -tücher, Handschuhe und Eimer, damit Harry diese mit zum Haus nehmen konnte. Zu Hause angekommen, öffnete mir unser Freund, den Harry an diesem Tag mitnehmen wollte, die Tür und seine feste, stille Umarmung tat so unglaublich gut. Es tat gut, einfach nur zu wissen, dass da jemand war, der nichts sagen musste und doch viel mehr mitteilte, als alle Worte es hätten tun können.

Es gab Berichte über Kontrollen und das Verweigern der Einfahrt nach Ahrweiler, wenn man ein ortsfremdes Nummernschild hatte oder nicht nachweisen konnte, dass man Anwohner war, und wir befürchteten, dass Harry eventuell nicht zum Haus würde fahren dürfen oder es zumindest ein ziemliches Verkehrschaos geben würde. Mal ganz davon abgesehen, dass der Weg ins Ahrtal sowieso schon länger dauerte als üblich. Also packten wir die eingekauften Sachen schnell zusammen und verabschiedeten die beiden in Richtung Krisengebiet.

Kaum schloss sich die Wohnungstür, kamen wieder die Sorgen in mir hoch. Ich hoffte und betete inständig, dass sie keine Leichen im Keller finden würden. Nicht sprichwörtlich, sondern wortwörtlich. Allein der Gedanke daran ließ meinen Atem stocken. Ich stand mit Kaia auf unserem kleinen »Studentenbalkon« – so nannten wir ihn liebevoll, weil er zur Straße zeigte und man in der Abendsonne dort das fröhliche Treiben noch so hautnah mitbekam – und wollte zum Abschied noch einmal winken. Doch keiner der beiden bemerkte uns. Beide starrten konzentrierten und – ich bildete mir ein auch – sorgenvollen Blickes geradeaus auf die Straße. Ich schluckte, merkte, wie sich meine Augen mit Tränen füllten, und spürte gleichzeitig die Hand meines Bruders auf meiner Schulter, der mir Kaia abnahm, sodass ich einmal tief durchatmen konnte.

Mein Alltag kam mir so belanglos vor. Einerseits hätte ich genügend Besorgungen zu erledigen gehabt, auf der anderen Seite standen da Ordner voller nasser, verschlammter Dokumente in Klarsichtfolien, die vielleicht wichtig waren und daher vom Schlamm befreit und getrocknet werden sollten. Und wie konnte ich weiter mein »normales« Leben führen, während Harrys Welt komplett auf den Kopf gestellt wurde? Dass auch meine Welt eine andere war, war mir immer noch nicht bewusst.

Ich hatte schon wieder unzählige ungelesene Nachrichten. In den Familiengruppen wurde regelmäßig nach dem neuesten Stand gefragt. Manche berichteten, wo sie nachgefragt hätten und keiner der drei aufzufinden sei, andere teilten weitere Orte und Möglichkeiten mit, wo sich noch Vermisste aufhalten könnten. Ich ging die einzelnen Chats durch und fühlte mich ein bisschen wie in meinem Büroalltag vor meiner Elternzeit: Kaum hatte ich eine Nachricht gelesen, etwas delegiert oder beantwortet, waren da schon wieder mindestens genauso viele neue Nachrichten unterschiedlichster Art.

Harrys Tante fragte mich, ob sie uns vom Einkaufen etwas mitbringen könnte. Wir hatten zwei Supermärkte und einen Drogeriemarkt direkt vor der Tür, also hätte ich ein solches Angebot normalerweise dankend abgelehnt. Aber an diesem Tag war ich einfach erleichtert, ein To-do weniger zu haben und mich auf Kaia und in ihren Schlafenszeiten auf die Dokumente hier zu konzentrieren, sodass ich ihr einfach nur meine Einkaufsliste schickte. Ich dachte darüber nach, wie hilflos ich mir in alldem vorkam. Nicht am Haus zu helfen zu können, nicht bei Harry zu sein, nicht wirklich zu wissen, was ich tun konnte und sollte, was wirklich hilfreich war. Vielleicht ging es anderen in unserem direkten Umfeld ja ähnlich und es half ihnen auch, wenn sie selbst in den scheinbar kleinen Aufgaben ihre Hilfe anbieten konnten.

In einigen Chats und Gruppen wurde der Link zur Vermisstenanzeige von der BILD-Zeitung geteilt. Online war sogar das Foto von Hans, Ella und Franky als Vorschaubild beim Link zu sehen. Wie surreal – immer noch. Ich las mir die einzelnen Anzeigen durch. Viele Menschen kannte ich nicht, von anderen wusste ich zumindest, wo sie wohnten, oder hatte sie schon einmal auf der Straße gesehen. Ich stoppte bei einer Anzeige. Es waren zwei Frauen aus dem Neubaugebiet in Heppingen, der direkten Nachbarschaft von Hans und Ella. Und ich erinnerte mich an die Freundinnen der jungen Frau, die verzweifelt nach ihr gesucht hatten, als auch wir Donnerstagvormittag noch nicht wissend und wartend auf der Straße gestanden hatten.

Als es klingelte, legte ich mein Handy zur Seite. Eine Freundin stand vor der Tür, um meinen Bruder einzusammeln. Er wollte Gummistiefel kaufen, um nach seinen Klausuren direkt helfen zu können, und sie setzte ihn in ihrer Einkaufstour bei einem Baumarkt ab. Als die Tür ins Schloss fiel, war ich das erste Mal allein – allein mit Kaia, die friedlich schlief, allein mit meinen Emotionen und Gedanken.

Ich begann damit, die nassen und dreckigen Dokumente, die Harry mitgebracht hatte, auf unsere Wäscheständer zu verteilen, und schob sie so weit es ging in die Sonne. Einige Blätter hatten eine vorsichtige Reinigung nötig, weil überall Dreckklumpen klebten und man nicht mehr erkennen konnte, um welches Dokument es sich handelte, andere hatten einfach ihre Grundfarbe von weiß zu braun verändert, waren aber noch lesbar. Als beide Wäscheständer gut bestückt waren und ich keine Wäscheklammern mehr übrig hatte, um anderswo irgendetwas aufzuhängen, hörte ich eine Sprachnachricht von Harrys Schwägerin ab, die die Mitteilung bekommen hatte, dass im Remagener Krankenhaus noch Menschen seien, die keine Erinnerung hätten und folglich auch nicht wüssten, wer sie seien. Aus ihrer Richtung war die Durchfahrt nach Remagen allerdings gerade versperrt. Meine beste Freundin, die immer noch nur ein paar Kilometer weiter bei ihren Eltern war, bot sich sofort an, dorthin zu fahren und nachzufragen, ob das Personal dort eventuell einen der drei auf den Fotos erkannte.

Ich wartete unruhig darauf zu hören, ob sie im Krankenhaus tatsächlich eine Auskunft erhielt. »Habe ich die Hoffnung vielleicht doch zu früh aufgegeben und sie sind dort oder zumindest einer oder eine von den dreien?«, dachte ich. Remagen schien mir von all den Möglichkeiten, die es noch gab, zumindest am wahrscheinlichsten. Und dann wiederum war da der Gedanke an das viele strömende Wasser und die Vorstellung daran, wie man etwas in der Art überhaupt irgendwie überleben könnte, wenn man einmal von dieser Strömung erfasst wurde. Ich merkte, wie die Angst in mir überhandnahm und ich wie gelähmt dasaß. *Luft holen – durchtauchen.*

Um meine Gedanken auf etwas anderes zu lenken, kritzelte ich auf ein kleines, abgerissenes Stück Papier: »Grateful« und darunter drei Punkte. Lange hatte bei uns über dem Esszimmertisch ein Spruch gehangen, genau dort, wo jetzt das Bild der Welle war: »A grateful heart is a magnet for miracles.«

»Ein dankbares Herz ist ein Magnet für Wunder.« Ich wollte mich in Dankbarkeit üben.

Drei Gründe, dankbar zu sein. Jeweils einen Grund, den ich meiner Sorge und Angst um eine Person entgegenstellen konnte. Ich wollte nicht immer wieder in diesen Strudel aus negativen Gedanken geraten, wollte nicht nur ängstlich, hilflos und von Vorwürfen geplagt werden. Ich wollte nicht, dass alle schönen Momente, all diese vielen ersten Male mit Kaia – der erste Sommer, der erste Zahn, die ersten Worte – in einer Wolke aus Angst und Trauer und unkontrollierten Emotionen verschwanden. Drei Gründe, dankbar zu sein. Jeden Tag neu. Die sollten wohl zu finden sein.

An diesem Tag schrieb ich Folgendes hinter diese drei Punkte:

'Ohana

Erinnerungen

Wir leben!

»'Ohana, that's how we live family«, hatte ich die Worte unserer Gastgeberin Mata in Hawaii in den Ohren. Ich schätze, das war genau das, was wir dieser Tage – noch mehr als sonst – erlebten: »'Ohana – Familie ist mehr als Blutsverwandtschaft. Familie ist wie das Nest, das einen Geborgenheit und Sicherheit fühlen lässt. Das sind Menschen, denen du blind vertrauen kannst und zu denen du eine tiefe Verbindung hast. Ganz gleich wie oft du sie siehst oder mit ihnen sprichst. Und ganz gleich, was passiert, sie gehören zu deiner 'Ohana. Wir sagen hier: ›Aloha ke akua.‹ Das heißt: ›Gott ist Liebe.‹ Und das macht uns alle zu 'Ohana. Aus Gnade.«

Blitzartig kam mir der Gedanke in den Kopf, wie ich in meinem bisherigen Leben in so vielen Momenten und Gesprächen auf diese Situation »*vorbereitet*« worden war. Und genauso schnell war er auch wieder weg. Kaum greifbar. Nur dieses Wort blieb: *Vorbereitet*. Ein ziemlich stumpfes Wort für all das, was gerade los war. Wie konnte man überhaupt auf so etwas *vorbereitet* sein? *Vorbereitet*. Das klingt so, als hätte man darauf hingearbeitet. Als wäre man für alles, was kommt, gewappnet. Als wüsste man mit jeder Situation umzugehen. Aber wie konnte man jemals damit »fertigwerden« und einen gesunden Umgang finden?

Ich wurde in meinen Gedanken unterbrochen, als ich eine neue Nachricht meiner besten Freundin auf meinem Bildschirm sah. 18 Sekunden Sprachnachricht. Ich hörte sie, als würde ich einen Text überfliegen und nur Stichworte davon aufschnappen: »Nur einen Mann«… »sehr, sehr alt«… »die drei sind nicht da.«

»Die drei sind nicht da«, wiederholte ich laut und schrieb gleichzeitig zurück: »Danke fürs Gucken.«

Ich hörte, wie sich ein Schlüssel im Schloss der Wohnungstür umdrehte. Mein Bruder kehrte erfolglos von seiner Gummistiefelsuche zurück. Im Baumarkt hatte man ihm gesagt, dass in der Umgebung wohl niemand mehr Gummistiefel vorrätig habe. Es wunderte mich nicht. Welcher Laden rechnet bei seiner Jahresplanung schon damit, dass im Hochsommer plötzlich sprunghaft die Nachfrage nach Gummistiefeln und Fischerhosen steigt?

Ziemlich gleichzeitig trudelten wieder einige neue Nachrichten bei mir ein. Freunde, die das Auto mit Schubkarren, Schaufeln und Eimern beluden und zum Haus fahren wollten, um zu helfen. Harry, der auf meine Nachfragen antwortete, ob sie noch spezielle Dinge – Werkzeuge, Verpflegung, Handschuhe oder Ähnliches – bräuchten. Freunde, die noch Dinge besorgten und fragten, was noch gebraucht werden könnte. Wieder andere Freunde, die bald mit etwas zu essen und weiteren Helfern in Richtung Ahrtal aufbrechen wollten. Schnittstellenmanagement und Koordination. Wäre das nicht vorher auch schon Teil meiner Arbeit gewesen, dann hätte ich es spätestens nach der Flut in meinen Lebenslauf schreiben können.

Kaia war glücklicherweise auch mit ihren Spielsachen im Wohnzimmer oder dem Blick in den Garten zufriedenzustellen, während ich mich dem Beantworten der Nachrichten widmete und mein Bruder zumindest versuchte, sich ein bisschen auf seine bevorstehenden Prüfungen vorzubereiten. Ich glaube, wir waren beide dankbar, als es klingelte und eine meiner Uni-Freundinnen, die eigentlich in München wohnte, aber gerade in der Heimat war, vor der Tür stand und Kaia und mich zum Einkaufen nach draußen lockte, sodass mein Bruder zumindest für ein paar Minuten seine Ruhe hatte.

Als wir vom Einkaufen wiederkamen, spielte sie mit Kaia, damit ich die erste Ladung Dokumente abhängen konnte. Sie half mir, weitere Dokumente zu trocknen, kümmerte sich um eine Wäscheladung und schleppte ein paar Dinge in den Keller, die ich vor Harry »verstecken« wollte, damit er wenigstens zu Hause kein Chaos vorfand. Es war ein unglaubliches Geschenk, in alldem nicht allein zu sein, ein bisschen »Normalität« zu haben und gleichzeitig auch noch Menschen um mich zu haben, die ich sehr lieb habe – 'Ohana zu erleben.

Nachmittags ploppte auf meinem Handy eine Benachrichtigung auf, dass neue Fotos in die Cloud geladen worden waren. Ich hörte von Harry über den Tag nicht viel und nahm es als gutes Zeichen, dass zumindest niemand irgendwo im Keller gefunden worden war, und trotzdem schlug mein Herz wieder bis zum Hals, als ich das Album mit Fotos vom Haus öffnete. Auf den ersten sah ich, dass der Bauwagen, der im Hof verkeilt war, von drei Personen, die ich nicht kannte, zerlegt worden war. Ich sah Fotos aus dem Haus, von Haufen voller Schlamm, Schutt, kaputter Dinge, die entlang der Einfahrt aufgetürmt wurden. Das Auto war offenbar auch schon aus dem Weg gezogen worden und stand jetzt im vorderen Bereich des Grundstücks. Und ich sah Fotos aus dem Keller. Da stand noch Wasser, aber es schien mir nicht so hoch zu sein, als dass man jemanden, der dort läge, nicht hätte sehen können. Ich atmete auf. Harry würde mir abends bestimmt mehr über den Tag erzählen, dachte ich.

Am späten Nachmittag kamen meine Eltern vorbei, die zum Abendessen wieder bei ihren Freunden sein, aber zumindest mal schauen wollten, wie sie uns helfen konnten. Meine Mutter berichtete mir von einem Traum, den sie in der Nacht zuvor gehabt hatte. Sie habe sich in diesem Traum wie eine Augenzeugin gefühlt, also als wäre sie mittendrin gewesen. Sie erzählte, dass sie einen unfassbar lauten, aber undefinierbaren Krach gehört habe – bis Wasser in Massen über sie hereingebrochen sei. Unter Wasser sei es dann fast ruhig gewesen und alles habe sich wie in Zeitlupe bewegt. Und dann sei da Ella gewesen, unter Wasser, ihr gegenüber. »Ich sah, wie Ellas Körper in einem dunklen Schatten nach unten sank, während sie selbst an Ort und Stelle blieb und nach oben schaute, von wo ein unfassbar helles Licht kam«, berichtete Mama. »Ella schaute wie gebannt nach oben. Freudig, staunend. Und dann waren da zwei riesig große Arme, die sie umarmten und nach oben zogen.« Ich bekam eine Gänsehaut und meine Augen füllten sich mit Tränen, als sie erzählte, wie real Ellas Freude auch für sie gewesen sei. Wie sie Ellas Herz hatte jubeln gespürt. Ich schluckte und dachte an die Worte der Mama meiner Freundin: »Sie sind bei Gott.«

So traurig ich war, so schön war auch die Vorstellung, dass sie trotz aller Umstände in einem übernatürlichen Frieden geborgen waren. Dass, wenngleich ihre Körper nicht überlebt hatten, ihre Seelen mit einer Umarmung in die Ewigkeit gerettet worden waren. Noch nie war ich in meinen Emotionen und Gedanken so zerrissen gewesen wie in diesem Moment.

Vor einer Woche hatten Ella und Hans noch ihren 34. Hochzeitstag gefeiert. Ella hatte auf die freie Zeit nach Ferienbeginn hingefiebert. Und eine Woche später waren sie einfach nicht mehr hier.

Mama fragte, ob sie Harry den Traum schon erzählen konnte. »Nein«, sagte ich. »Besser noch nicht. Ich weiß nicht, ob er nicht doch noch hofft, sie zu finden. Warte noch ein bisschen. Ich sag dir Bescheid, wenn er so weit ist.«

Mein Handy klingelte. »Guckt ihr kurz nach Kaia?«, fragte ich in die Runde. Alle nickten und ich ging zum Telefonieren in den Garten. Am anderen Ende der Leitung war meine beste Freundin, die nach ihrer Fahrt zum Krankenhaus noch mit ihrem Freund den halben Tag am Haus geholfen hatte. »Ich weiß nicht, ob Harry dir später davon erzählt oder erzählen kann, deswegen wollte ich dir ein bisschen berichten«, begann sie. »Irgendwann heute kam ein

Nachbar zu Harry und hat ihm sein Beileid ausgesprochen und so was gesagt wie: ›Ja, tut mir leid, ne? Aber deine Eltern haben es nicht geschafft. Tut mir leid.‹ Er hat ihn nicht zur Seite genommen oder so, sondern das einfach vor versammelter Mannschaft zu ihm gesagt.« Ich schüttelte den Kopf. »Oh Mann, und ich spreche ihn nicht darauf an, weil ich nicht weiß, ob er schon akzeptieren kann, dass es keine Hoffnung mehr gibt.«

»Ja«, antwortete sie. »Das geht einfach gar nicht. Wir waren auch alle echt geschockt und wütend.«

»Und wie ist Harry jetzt drauf? Oder wie war er danach drauf?«, fragte ich.

»Ich weiß echt nicht, wie er das macht oder woher er diese Ruhe und Kraft nimmt. Ich glaube, er musste schon schlucken, hat es aber einfach zur Kenntnis genommen und ist danach kurz weggegangen. Er hat mit seinen Halbbrüdern und seinem Onkel gesprochen, kam danach aber wieder und hat einfach weitergemacht.«

»Mmh«, sagte ich nur nachdenklich. *Ruhe und Kraft.* Ich schmunzelte. Als hätte sie gewusst, wofür ich betete, wenn ich an Harry dachte. Und wahrscheinlich war das nicht nur mein Gebet für ihn, sondern auch das vieler anderer, die an uns dachten. »Wie ging's euch denn heute am Haus?«

»Es ist einfach krass, das so zu sehen. Ich war teilweise echt überfordert. Hab in der Küche am Kühlschrank die verschlammten Magnete abgenommen und fühlte mich dabei richtig verloren. Irgendwann habe ich Harrys Tante gefragt, was ich mit den Magneten machen soll. Sie antwortete mir nur: ›Alles raus. Alles, alles raus. Sollten sie wiederkommen, dann kaufen wir ihnen mit Freuden alles neu.‹ Es war so gut, dass sie da so klar war.«

Später am Nachmittag meldete sich schließlich auch Harry und teilte mit, dass er auf dem Nachhauseweg sei und seine Mitfahrer schon zu Hause abgeliefert habe. Ich hatte Kaia gerade ins Bett gebracht, und mein Bruder und meine Uni-Freundin begannen schon gemeinsam zu kochen, so selbstverständlich, als würden sie das regelmäßig machen, damit wir alle eine warme, frische Mahlzeit zu essen bekamen. Ich hatte zwar mittags für Kaia etwas gekocht, aber mein Bruder und ich waren leer ausgegangen zwischen all den Erledigungen. Kurz darauf meldete sich auch ein Freund von Harry, der gerade auch auf dem Weg zurück aus dem Ahrtal war. Wir unterhielten uns darüber, wie es uns ging, wie es Harry ging, und ich fragte irgendwann: »Glaubst du, Harry hat noch Hoffnung, die drei lebend zu finden?«

»Ich glaube selbst noch dran«, sagte er. »Du nicht?« Ich merkte den Kloß in meinem Hals und wieder diese Verunsicherung, diese Vorwürfe: Wenn alle anderen noch Hoffnung haben, warum ich nicht? Es fühlte sich wieder mal so an, als hätte ich sie zu früh »aufgegeben«. Aber das Festhalten – das Hoffen, sie könnten es geschafft haben – fühlte sich für mich einfach nicht richtig an. Nicht nur mein Verstand sagte mir, dass das nicht sein konnte. In meinem Herzen wusste ich, dass ich sie hier auf dieser Erde nicht mehr in den Arm nehmen würde.

Als Harry vollkommen verschlammt nach Hause kam, bat er um Hilfe beim Hereintragen weiterer Dinge. »Noch mehr Zeug?«, dachte ich und seufzte in mich hinein. Kurze Zeit später stand eine ganze Sammlung verschiedenster Sachen im Flur. Weitere Unterlagen, sortiert und unsortiert. Ordner in einem Wäschekorb. Bilder, eine Schmuckschatulle und Reisetaschen, gut gefüllt mit diversem Kram. Alles davon hatte diesen ganz speziellen Geruch des Schlamms an sich – genauso wie Harrys Kleidung, die ich erst mal gründlich vorbehandelte und abwusch, bevor ich sie in die Waschmaschine warf und diese direkt laufen ließ. Alles roch modrig, nach Öl und anderen Dingen und vermischte sich zu einem Geruch, der glücklicherweise durch den Duft des Essens überdeckt wurde. Harry verschwand lange im Bad und genehmigte sich eine ausgiebige Dusche. »Verständlich«, dachte ich. Nach allem, was meine beste Freundin mir berichtet hatte, war ein bisschen »Wellness« mehr als angebracht. Meine Eltern nutzten die Gelegenheit und verabschiedeten sich, um noch mit ihren Freunden zu essen.

Als es klingelte, war Harry gerade in der Küche und unterhielt sich mit den Hobbyköchen. »Ich geh«, sagte ich. »Bleib ruhig hier!« Harrys Tante stand mit Einkäufen für uns vor der Tür. In der Kiste, die sie mir überreichte, war aber nicht nur das, was ich auf meiner Einkaufsliste notiert hatte, sondern auch ein Nerven- und Beruhigungstee, Vitaminshots, Säfte und weitere Dinge zur Förderung der Resilienz, Stärkung der Nerven und für einen guten Schlaf. Die Kiste war liebevoll bemalt und bestickert von ihren Kindern. »Danke!«, sagte ich. »Das können wir gut gebrauchen.« Außerdem hatte sie uns noch ein Exemplar der BILD-Zeitung mitgebracht, in der die Vermisstenanzeige abgedruckt war. »Harrys Oma wollte eine, deswegen habe ich euch auch eine mitgebracht.« Auf der Titelseite stand in Großbuchstaben »DIE TODESFLUT« und »OH GOTT!«

»Vielleicht verstecke ich die gleich direkt vor Harry«, sagte ich. Wir unterhielten uns noch ein paar Minuten leise im Flur. Darüber, dass ich am liebsten alles, was Harry mitbrachte, irgendwo verstauen wollte, damit ihn der Blick in unseren Flur nicht an alles erinnerte, und darüber, dass da so unglaublich viele Unterlagen lagen, die nicht sortiert waren. Sie bot sich an, einige der Sachen mitzunehmen, durchzugehen, zu sortieren, und ich nahm wieder dankend an. Danach kamen auch wir wieder auf das Thema »Hoffnung« zu sprechen. »Ich weiß nicht, ob Harry das wirklich schon so an sich ranlässt«, sagte ich. »Ob er noch auf ein Lebenszeichen wartet.«

»Am Anfang haben wir für Hans, Ella und Franky gebetet. Dass man sie findet und dass sie wohlbehalten sind. Jetzt beten wir nur für Harry«, sagte Harrys Tante. Als mir die Tränen in die Augen schossen, nahm sie mich in den Arm und wir weinten zusammen. »Hey, hier wird nicht geweint«, hörte ich Harrys Stimme hinter mir. Er hatte ein Lächeln im Gesicht und umarmte seine Tante zur Begrüßung. Ich versuchte, den Kloß in meinem Hals herunterzuschlucken, und fühlte mich bestätigt darin, dass Harry noch hoffte. Noch nicht in Gänze wahrhaben wollte, was eigentlich gerade passierte, und so beschloss ich, mich die nächsten Tage zusammenzureißen, bis er mir ein Signal geben würde, dass Trauer in Ordnung war.

Nach dem Essen verabschiedete sich auch meine Freundin, und während ich den Tisch abräumte, bekam Harry eine Massage von meinem Bruder. Gleichzeitig registrierte er sich bei Facebook, um dort mitzuteilen, dass seine Familie vermisst wurde. Harry klickte auf die Profile von Ella und Franky – Hans hatte kein Facebook – und wir sahen, dass dort zahlreiche Kommentare von besorgten Freunden und Bekannten oder auch Kollegen zu finden waren. Einige hatten die beiden auf dem Vermisstenaufruf markiert, sodass dieser direkt mehrfach auf den Profilen zu sehen war. Andere fragten ganz unverfänglich nach, wie es Franky und Ella denn gehe. Der neueste Kommentar auf Frankys Timeline war der einer Kollegin: »Frank, melde dich bitte. Wir haben Beunruhigendes von dir und deiner Familie gehört.«

»Ich glaube, wir müssen nächste Woche zumindest Frankys Arbeitgeber mal mitteilen, dass er aktuell vermisst wird, oder?«, fragte ich in die Runde. »Ja. Generell wäre es gut, einen Überblick zu bekommen, wer informiert werden muss oder was wir für die Versicherungen wissen müssen«, antwortete Harry. Meine Aufgabe für die nächsten Tage war also klar: Überblick verschaffen.

Wir verbrachten den Rest des Abends damit, den nächsten Tag zu planen. Einige Freunde wollten zum Helfen ins Ahrtal kommen und ich hatte wieder jemanden organisiert, den Harry mitnehmen konnte. Parallel scrollte Harry weiter durch Facebook und ich öffnete zum ersten Mal an diesem Tag Instagram. Familienmitglieder, Freunde und Bekannte teilten unseren Vermisstenaufruf in ihren Stories. Neben unserem Aufruf gab es noch zahlreiche weitere und ich las immer wieder mir bekannte Namen. Namen von Personen, die mit mir auf die Schule gegangen waren oder die ich von Freunden kannte. Drei volle Tage waren vergangen. Und es gab noch so viele Vermisste. Manche Ortsteile waren durch fehlende Brücken oder Wege immer noch nicht oder nicht so einfach wie vorher zugänglich. »Aber wie hoch ist die Wahrscheinlichkeit, dass jetzt noch jemand dieser Menschen lebend auftaucht?«, fragte ich mich.

Als wir endlich ins Bett gingen, stellte ich fest, dass Harry gar nichts von heute berichtet hatte. Nicht nur, dass er sich tagsüber kaum meldete, sondern auch, dass wir abends nicht darüber redeten, wie der Tag für ihn war, war für mich ein Zeichen, wie angespannt er gerade wirklich sein musste. Von meinem normalerweise so entspannten Ehemann bekam ich aktuell nur die ernste, beschäftigte und ausgelaugte Variante zu sehen. Umso dankbarer war ich für meine Freundin, die mir einen kleinen Einblick gegeben hatte und ich so zumindest ein bisschen von dem wusste, was Harry erlebt hatte und was ihn eventuell noch beschäftigte. Er nahm meine Hand und drückte sie dreimal. Unser stilles Zeichen für »Dich – liebe – ich«. »Ich dich auch«, sagte ich leise und merkte, dass er schon eingeschlafen war, ganz ohne Beruhigungstee.

Kapitel 7

Als ich aufwachte, war es noch ganz ruhig. Ich wusste nicht, wie spät es war, da ich mein Handy ganz bewusst nicht mit ins Schlafzimmer genommen hatte. Aber da Kaia, die sonst sehr zuverlässig um 6:30 Uhr aufwachte, noch schlief, schloss ich darauf, dass es noch sehr früh war. Etwas Licht kam durch die Ritzen unserer Rollläden herein, und auch die Vögel sangen schon ihr Morgenlied. Ab und zu hörte ich, wie die Straßenbahn vor der Tür hielt und wieder weiterfuhr. Aber es war ruhiger als sonst. Ich überlegte, welchen Tag wir hatten. Sonntag. Ruhetag. Zumindest normalerweise. Aber nichts war normal. Diesen Ruhetag gab es für uns so gerade nicht. Es fühlte sich an, als lebten wir in einer anderen Zeitzone, in einer anderen Zeitrechnung. Für uns war »Tag 4«. Tag 4 nach der Flut. Wochentage, Wochenenden, Ruhezeiten: All das hatte gerade keine Bedeutung für uns und so viele weitere Menschen in den Flutregionen und darüber hinaus.

Doch trotzdem kam mir die Zeit an diesem Morgen vor wie ein Geschenk. Ja, ich hätte auch schlafen können. Und höchstwahrscheinlich hätte ich die Erholung aus dem Schlaf auch gut gebrauchen können. Aber diese bewusste Zeit nur für mich, ohne Nachrichten, ohne Handy und ohne ständige Erreichbarkeit, tat mir wirklich gut. Die Zeit, in der mich die Sorgen um Harry mal nicht zerfraßen, weil er friedlich schlafend neben mir lag, war so wichtig für mich. Auch Kaia gegenüber fühlte ich mich mehr und mehr schuldig in diesen vergangenen Tagen. Sie merkte mit Sicherheit, dass etwas in uns vorging. Sah, dass ihr Papa nicht wie sonst üblich am Schreibtisch im Esszimmer saß und arbeitete. Immer, wenn ich irgendwem einen Kaffee machte, kam sie freudig in die Küche gerobbt und wirkte enttäuscht, wenn sie mich an der Kaffeemühle sah und nicht wie gewohnt Harry. Und sie erlebte, dass ich einen Großteil meiner Zeit auf mein Handy starrte und deutlich häufiger das Wort »Nein« ihr gegenüber benutzte, weil ich nicht wollte, dass sie Harrys »Mitbringsel« vom Haus im Flur untersuchte. Wenn ich schlammige Dinge draußen aufhängte, dann durfte sie nicht dabei sein. Ich nahm sie erst in den Arm, nachdem ich mir gründlich die Hände gewaschen hatte, und die langen Spaziergänge, die wir normalerweise täglich machten, gab es gerade auch nicht. Ich wusste nicht, wie ich das die folgenden Tage anders gestalten sollte. Auch für sie war alles anders. Ich merkte, wie mich diese Gedanken wieder gefangen nehmen wollten. Ich atmete tief ein. Dachte an meinen Bruder. *Durchtauchen*. Und dann kam die Dankbarkeit in mir zum Vorschein. Die Dankbarkeit für unsere Freunde und unsere Familie – für unsere ʻOhana –, die einfach da war. In so unterschiedlicher Weise. In Gedanken, in Taten, bei Harry, bei uns.

Ich wurde wieder ruhig, schaute auf die heller werdenden Lichter in den Ritzen der Rollläden. Unsere Schlafzimmerseite lag nicht im Osten. Die Sonne schien morgens in das Wohnzimmer. Und obwohl man die Sonne nicht sah, wusste man dennoch, dass sie da war. Ich hatte die Stimme meiner Freundin noch im Ohr, die mir eine Woche zuvor zum Geburtstag folgendes Lied gesungen hatte: »Gottes Liebe ist wie die Sonne. Sie ist immer und überall da. Gottes Liebe ist wie die Sonne. Sie ist immer und überall da.«[2]

Sie wusste nicht, dass die Sonne als Symbol eine besondere Bedeutung für mich hat. In unserer Kindheit ordnete meine Mutter ihren Kindern ein Symbol zu, das sie häufig hinter unsere Namen zeichnete. So fand man auf den Aufklebern von Medikamenten,

Brotdosen, Trinkflaschen oder Heften unsere Namen und eine Sonne, einen Mond oder einen Stern. Und die Sonne gehörte immer zu mir. Ich dachte dieses Bild weiter: »Gottes Liebe gehört zu mir. Sie gehörte immer zu mir. Sie wird immer zu mir gehören.« Ich war so dankbar für dieses Bild und diese Erinnerung in dieser Zeit. Ich stand auf und schrieb meiner Freundin:

»Gottes Liebe ist wie die Sonne, sie ist immer und überall da! Gott ist da, in all dem Chaos, in all dem Leid. Er hält uns sicher und fest in seiner Hand. Immer. Auch wenn wir ihn gerade nicht ›sehen‹. Wollte dir das einfach mitgeben und dich fest umarmen – zumindest in Gedanken. Mir ist in den letzten Tagen so klar geworden, wie kostbar Menschen sind. Dinge kann man wiederbeschaffen, zumindest in den meisten Fällen. Und ich wollte dir einfach sagen, wie dankbar ich für dich bin, wie lieb ich dich hab und wie oft und sehr ich an dich denke.«

In meiner Nachrichtenleiste sah ich, dass in den wenigen handyfreien Stunden der Nacht offenbar einiges passiert war. Ich hatte diverse direkte Nachrichten von Freunden, die fragten, ob heute etwas anstehe, wobei sie helfen konnten, aber vor allem hatte ich über 20 ungelesene Nachrichten in der Gruppe von Harrys Familie mütterlicherseits. Ob vielleicht doch jemand etwas von den dreien hatte in Erfahrung bringen können? Ich merkte, wie sich in mir wieder eine hoffnungsvolle Aufregung breitmachte, obwohl ich die Hoffnung doch seit Tagen schon zur Seite schob, weil ich sie rein logisch nicht rechtfertigen konnte. Aber irgendwie blitzte ein kleiner Hoffnungsschimmer, angeregt durch die Hoffnung der Menschen um mich herum, immer wieder auf. So wie auch in diesem Moment. Ich öffnete die Gruppe und sah, dass Ellas Schwester wohl die ganze Nacht damit verbracht hatte, Fotos ihrer großen Schwester herauszusuchen. Fotos von Ausflügen, von schönen Momenten. Dazu ein paar kurze Texte. Nicht länger als ein paar Worte. Texte, die nach

Abschied klangen. Nach wahrhaben. Nach »ich habe keine Hoffnung mehr«. Ich spürte wieder diese Schwere, aber diesmal fühlte sie sich noch schwerer an. Dass ich mir selbst einredete keine Hoffnung mehr zu haben, war das eine. Aber zu merken, wie die Menschen, die den dreien am nächsten standen, langsam, aber sicher auch die Hoffnung aufgaben, tat irgendwie besonders weh.

Vielleicht auch, weil ich selbst immer noch versuchte vor Harry zu verbergen, dass ich nicht mehr hoffte und Angst vor seiner Reaktion hatte, wenn er sehen würde, dass auch andere in der Familie nicht mehr daran glaubten, sie zu finden. Das letzte Foto kam gerade in dem Moment, als ich in der Konversation bis nach unten gescrollt hatte. 6:32 Uhr. Kaia würde gleich aufwachen, vielleicht könnte ich sie rechtzeitig aus ihrem Bett holen, damit Harry noch weiterschlafen konnte. Ich ging zurück ins Schlafzimmer, wo mich Kaia, in ihrem Bett sitzend, anstrahlte und die Arme nach mir ausstreckte. Ich nahm sie hoch, zog sie schnell an und schloss die Schlafzimmertür leise hinter uns. Die Tür zum Wohnzimmer stand offen. Mein Bruder saß schon am Esstisch vor seinem Laptop und ging noch einmal seine Unterlagen für die morgige erste Prüfung durch. Der Gedanke daran, dass er nur noch ein paar Stunden bei mir sein würde, machte mir ein bisschen Angst. Die vergangenen Tage war er meine größte Stütze gewesen und wusste genau, was am besten helfen würde, ohne dass ich ihm nur ein Wort sagte. Überhaupt war ich so unglaublich dankbar, solche Geschwister zu haben – egal ob nah oder fern. Meine Brüder sind meine besten Freunde. Dafür müssen wir nicht einer Meinung sein, wir müssen nicht einmal dieselbe Vorstellung vom Leben haben oder am selben Ort sein. Ich weiß, ich darf mich immer bei ihnen melden und sie werden da sein, ganz egal was ist. Und ich hoffe, sie wissen, dass das andersherum genauso gilt. Meine Brüder verstehen mich wortlos. Sie sind meine Kindheit. Ich kann mich kaum an wirklich wichtige Momente ohne sie erinnern, obwohl ich die ältere Schwester bin. Ich kenne und liebe sie seit ihrer Geburt. Wir teilen unglaublich viele Erinnerungen und für mich ist es eine so besondere Verbindung. Ich dachte an Harry. Wie wäre es wohl für mich, wären meine Brüder plötzlich nicht mehr Teil meines Lebens? Ich schüttelte den Kopf, als könnte ich dadurch auch diesen Gedanken schnell wieder abschütteln.

Ich konnte mir nicht einmal ansatzweise vorstellen, wie sich Harry fühlen musste. Konnte das überhaupt irgendjemand? In diesem Verlust waren Harry vermutlich seine Halbbrüder am nächsten, selbst wenn sie noch ihre Mutter und sich selbst hatten: die Brüder, die miteinander ihre Kindheit und Jugend geteilt hatten. »Warum Harry?«, dachte ich. »Warum wir? Wie hoch ist die Wahrscheinlichkeit, dass so etwas jemandem passiert?« Und im selben Moment gebot ich meinen Gedanken Einhalt. *Warum wir?* Impliziert diese Frage nicht auch irgendwie: »Warum wir und niemand anders?« So etwas wünsche ich niemandem. Nicht Harry, nicht uns, niemandem sonst. Aber dennoch ist es passiert. Harry. Uns.

»Vivi, geht's dir gut?«, riss mein Bruder mich aus meinen Gedanken. »Ganz okay, denke ich«, antwortete ich. »War nur in Gedanken.«

»Ja, das hab ich gemerkt«, antwortete er lächelnd und fügte noch hinzu: »Alles wird gut, das weiß ich.«

Ich schmunzelte und nickte, denn ich dachte an ein Zitat, das ich mal irgendwo gelesen hatte: »Am Ende wird alles gut. Und ist es nicht gut, ist es nicht das Ende.« Und das alles war mit Sicherheit noch nicht das Ende. Denn es war alles andere als gut.

Um kurz nach 8 Uhr bekam ich schon erste Anrufe von Leuten, die auf dem Weg in Richtung Haus waren, während Harry noch schlief. Er wollte erst um kurz vor 10 Uhr noch einen Freund und dessen Schwager einsammeln und dann auch wieder Richtung Heppingen fahren, sodass wir ihn bis 9 Uhr schlafen ließen, damit er vor der

Abfahrt noch eine Kleinigkeit mit uns essen konnte. Während wir am Tisch saßen, sprachen wir kurz darüber, was an dem Tag so anstand, während wir weiter Nachrichten beantworteten und ich mich durch Instagram Stories klickte. »Oha!«, dachte ich. »Was?« fragte Harry. Hatte ich das laut gesagt? »Ich seh hier gerade die Story von einer, die vermisst wurde und sich nur nicht melden konnte, weil sie bis jetzt offenbar keinen Strom hatte«, antwortete ich. »Krass«, sagte Harry nur. Wir schwiegen wieder. Kaia spielte am Boden und mein Bruder packte ein paar Dinge zusammen. Ich überlegte, ob es nicht doch irgendeine Chance gab, dass sie sich einfach »nur« nicht melden konnten. Ich schüttelte den Kopf. Nein, das ergab wirklich keinen Sinn. Das Haus war für andere zugänglich. Ellas und Hans' Handys lagen im Haus, nur Frankys nicht. Aber selbst wenn das Handy das Problem wäre: Irgendeine Nummer würde man kennen, die man anrufen könnte. Oder man würde einfach zurück zum Haus gehen. Nein. So ein Wiederauftauchen war eine Seltenheit, in Anbetracht der Zeit, die schon vergangen war.

»Kannst du mir die Sachen hier waschen?«, fragte mein Bruder und zeigte auf eine kleine Plastiktüte. »Ich bin ja bald wieder da.«

»Ja«, sagte ich. »Leg sie einfach zur Waschmaschine. Mach ich nachher direkt.«

Ich schloss kurz die Augen, atmete tief ein und wieder aus. Gerade war einfach alles anstrengend. Dieser ständige Wechsel zwischen Hoffnung und Hoffnungslosigkeit, die Sorge um Harry, der Kontrollverlust aus der Entfernung und immer wieder das Gefühl, dass ich Emotionen anderer noch viel sensibler wahrnahm als sonst und sie mich zu jeder Zeit mit in einen Abwärtsstrudel ziehen konnten. Dazu noch diese Tausenden neuen Informationen, die irgendwie verarbeitet und koordiniert werden wollten, diese ganze ungewisse Situation. Und dazwischen der Alltag. Ich fragte mich, wie lange man einen solchen Spagat hinbekommen würde, bevor man fiel. Wie lange würde ich diesen Spagat schaffen, ehe mein Kopf und mein Körper wirklich streikten?

Während Harry begann, alles ins Auto zu packen, was er noch brauchen konnte, stellte ich ihm noch einige weitere Dinge zum Mitnehmen in den Flur: einen neuen Kanister destilliertes Wasser, noch mehr Küchenrolle, große Mülltüten, Einweghandschuhe, eine Packung Pflaster und etwas zum Desinfizieren.

»Pass bitte auf dich auf«, sagte ich, als er mich lange umarmte. »Und meld dich, wenn du was brauchst. Ich kümmere mich dann darum.«

»Mach ich, danke. Ich liebe dich.«

»Ich liebe dich auch«, antwortete ich und küsste ihn zum Abschied.

Wie auch am Tag zuvor wartete ich mit Kaia noch am Fenster darauf, dass Harry vorbeifuhr und wir ihm zuwinken konnten – diesmal sah er uns und ein Lächeln huschte über sein Gesicht, als auch er uns zuwinkte – bevor ich sie für ihren Vormittagsschlaf ins Bett brachte. Danach war es ganz still in der Wohnung. Mein Bruder ging noch einmal einige seiner Lernsachen durch, im Hintergrund lief leise Musik und für einen kurzen Moment fühlte es sich nach einem normalen Sonntagmorgen an. Bis mein Blick an dem Wäschekorb mit Ordnern hängen blieb, auf deren Ordnerrücken neben der Beschriftung auch kleine Fotos von Ella oder Franky klebten. Ich war überrascht über das Gewicht, als ich den Korb auf unseren Esstisch hob, um mir einen Überblick zu verschaffen. Ich nahm jeden einzelnen der sieben Ordner vorsichtig aus dem Wäschekorb. Keiner davon hatte auch nur einen Spritzer Schlamm abbekommen. Harry hatte kurz erwähnt, dass der Wäschekorb im Obergeschoss gestanden habe. Ich las die Beschriftungen auf den Ordnerrücken. »Versicherungen«, stand da und: »Rente, Arbeit. Lohnsteuer, Haus. Kontoauszüge«. Der unterste Ordner, also der,

der als Erstes in den Wäschekorb gelegt worden war, war dunkelblau. Ich erstarrte, als ich ihn umdrehte, um zu lesen, was er beinhaltete. Auf dem großen weißen Aufkleber war ein Kreuz aufgemalt. Darüber stand: »Im Sterbefall WICHTIG!« Einen Moment lang hielt ich inne. Darunter lagen im Wäschekorb noch ein paar Stoffe. Vielleicht Tischdecken. Ich wusste genau, wo all diese Ordner vorher verstaut gewesen waren. Erst ein paar Wochen vorher hatten wir uns über eine Versicherung unterhalten und ich war mit Ella ins Haus gegangen, um den Ordner aus dem Schrank im Esszimmer zu holen. Aus dem Esszimmer, das vor ein paar Tagen noch bis zur Decke voller Wasser und Schlamm gestanden hatte. »Es muss chaotisch gewesen sein«, dachte ich. »So chaotisch, dass sie die Ordner nicht einzeln zusammen nach oben getragen haben, sondern den erstbesten Gegenstand zum Transport nach oben nutzten.« Und dann waren da wieder ganz laut diese Fragen in meinem Kopf: »Warum? Warum sind sie nicht einfach dringeblieben? Wenn sie wichtige Unterlagen ein Stockwerk nach oben gebracht haben, warum haben sie sich nicht selbst in Sicherheit gebracht?« Ich hatte Harrys Stimme in meinem Ohr, sah seinen sorgenvollen, wütenden Blick vor meinem inneren Auge. »Warum sind sie nicht einfach nach oben gegangen?«, hallte es in mir nach.

Ich bemerkte, dass mein Bruder seinen Rucksack nahm und alles einpackte. »Kann ich dich allein lassen?«, fragte er. »Ich würde mich jetzt langsam auf den Weg machen.«

Ich nickte. »Ja«, sagte ich. »Ich komme schon irgendwie klar.«

»Wenn was sein sollte, dann meld dich jederzeit, ja? Und solange ich nicht hier bin, kannst du dich auch immer bei deinen Freundinnen melden. Wir haben gestern auch Nummern ausgetauscht. Also, ich kann denen sonst auch Bescheid sagen, wenn du jemanden hier brauchst«, sagte er und musterte mich dabei genau. »Also, wirklich. Irgendwer ist immer in der Nähe und kann sofort hier sein.«

»Ja, danke«, sagte ich, während ich mich fühlte, als sei ich die kleine Schwester, dabei war doch er mein »kleiner« Bruder. »Guck du jetzt erst mal, dass das mit deinen Klausuren läuft.«

Wir umarmten uns lange. Länger als sonst, und ich hoffte in dieser Umarmung zumindest ein bisschen meine Dankbarkeit ihm gegenüber ausdrücken zu können. Ich wusste, ich könnte ihm das in dem Moment nicht sagen, denn schon bei dem Gedanken daran, dass er jetzt wirklich wegfuhr, hätte ich weinen können. Ich hasste Abschiede. Schon immer. Aber dieser war für mich besonders hart. Als ich die Tür hinter ihm schloss, flossen mir bereits die ersten Tränen über die Wangen und ich hoffte, er hatte es nicht bemerkt, damit er sich keine Sorgen um mich machte.

Immer noch weinend räumte ich alle Ordner bis auf den einen wieder ein und stellte den Wäschekorb in die Abstellkammer, damit Kaia die Unterlagen nicht in die Finger bekam. »Ich muss heute unbedingt das ganze Zeug mal in den Keller bringen«, setzte ich mir in Gedanken diesen Punkt auf meine To-do-Liste. Mit Blick auf das Babyfon stellte ich fest, dass Kaia wie immer, wenn sie aufwachte, ganz still in ihrem Bett saß und im Schlafzimmer herumschaute. Ich wischte mir die Tränen ab und holte mein glücklich grinsendes Kind aus dem Bett.

»Was für ein Glück ich habe, deine Mama zu sein«, dachte ich, während sie ihren Kopf auf meiner Schulter ablegte und sich von mir ins Wohnzimmer tragen ließ. Ich machte Musik an, tanzte eine Weile mit ihr und freute mich über ihr herzliches Lachen dabei. Als ich Harrys Namen auf meinem Display aufleuchten sah, fühlte ich mich fast schuldig.

»Hey, ich hab grade mit einem Freund gesprochen. Die haben ganz viele Helfer in einem kleinen Ortsteil, die nicht versorgt sind, also kein Wasser und Essen haben und den ganzen Tag in der Hitze da helfen. Jemand aus der Gemeinde von Mama und Papa organisiert wohl so Essensausgaben. Kannst du mal nachfragen, ob die auch dahin was bringen können?«, fragte Harry, während ich noch die Musik leiser stellte, um ihn besser zu verstehen.

»Klar, kann ich machen. Hast du eine Nummer für mich?«

»Nein, leider nicht. Vielleicht aber deine Eltern?«

»Ja, ich guck mal. Werd ich schon rausbekommen. Wie ist die Lage sonst so bei euch? Braucht ihr noch was?«, fragte ich weiter.

»Hier sind richtig viele Leute und zwei Bagger. Wir schaffen richtig viel«, antwortete Harry und ich hörte Erleichterung in seiner Stimme. »Ich hoffe nur, ich bekomme keinen Sonnenstich oder so. Die Sonne ist echt heftig.«

»Hast du deine Cap nicht dabei?«, fragte ich.

»Nein, an die muss ich morgen auf jeden Fall denken«, sagte er.

»Und Franky hat keine Cap oben in seinem Zimmer?«, fragte ich.

»Hm, doch. Könnte sein. Da hab ich noch gar nicht geguckt. Wenn man immer nur hier unten arbeitet, vergisst man, dass da oben ja noch Räume so sind, wie sie waren. Ich guck mal«, sagte Harry. »Und bei euch alles gut?«

»Ja«, antwortete ich. »Wir sind jetzt allein. Ich mach Kaia gleich mal was zu essen und dann mal gucken, was wir so machen.«

»Aber nachher kommt wieder jemand zu dir oder bist du jetzt den ganzen Tag allein?«, fragte er besorgt.

»Irgendwann heute Nachmittag kommt meine Freundin. Ich sag Bescheid, wenn ich was wegen der Verpflegung rausfinden konnte«, sagte ich.

Ich setzte Kaia vor ihrer Spielzeugkiste ab, während ich ein paar Anrufe tätigte, bis ich endlich eine Nummer bekam. Allerdings stellte sich heraus, dass Harrys Info so nicht korrekt war und er gar nicht helfen konnte. Ich hatte gerade aufgelegt, als mein Handy klingelte.

»Braucht ihr noch Hilfe am Haus? Ich hab hier eine Gruppe von zehn Leuten, die unterwegs ins Ahrtal sind und irgendwo helfen wollen«, sagte die Stimme am anderen Ende des Hörers.

»Weiß ich grade nicht. Harry meinte, sie sind ganz schön viele Leute, aber schick sie ruhig erst mal zum Haus. Im Zweifel schickt Harry sie woandershin, aber in der Nachbarschaft gibt es ja auch genug zu tun«, antwortete ich. »Alles klar, dann geb ich das so weiter. Bis bald«, kam die Antwort und bevor ich mich verabschieden konnte, war das Telefonat schon vorbei.

Kaia kam zu mir gerobbt und ich stellte mit einem Blick auf die Uhr fest, dass ich noch gar nicht angefangen hatte zu kochen. Ich setzte sie in ihren Hochstuhl, sodass sie mir zusehen konnte, wie ich das Gemüse schnitt und in den Topf warf. Nebenbei beantwortete ich noch weitere Nachrichten. Verschiedene Freunde und Familienangehörige schrieben auch, dass sie auf dem Weg zu Harry seien.

Ich brachte in Erfahrung, dass Harrys bester Freund, der am Haus seiner Mutter beschäftigt war, noch Hilfe dabei gebrauchen könnte, Schlamm zu schippen, und schrieb Harry, dass da noch mehr Menschen auf dem Weg zu ihm seien und er, sollten es zu viele sein, ein paar gerne zu seinem Freund schicken könne. Und gerade als ich begann darüber nachzudenken, ob das, was ich hier tat, eigentlich sinnvoll und wichtig war, las ich die Nachricht meiner Freundin, der ich den Ohrwurm von »Gottes Liebe ist wie die Sonne« zu verdanken hatte: »Du hast so recht. Und das sehe ich hier auch. Gott ist mittendrin und wirkt. Hier wird so viel geholfen! Es ist so schön zu sehen! Deine Nachricht hat mich so berührt. Ich bin so demütig und dankbar, dass Gott mich so beschenkt und segnet mit diesen von Liebe gefüllten Menschen. Ich bin auch so dankbar, dass Harry in all dem Leid seine ganz eigene Familie um sich herum haben darf. Dich und Kaia. Ihr seid ein Segen!«

»Ihr seid ein Segen! Wir sind ein Segen!«, wiederholte ich diesen Satz für mich. Ich hatte immer nur darüber nachgedacht, wie froh ich über Kaia war, was für ein Geschenk und Segen sie war. Für mich und für Harry. Aber durch die Worte meiner Freundin wurde ich daran erinnert, dass mein Wirken zwar nicht am Haus war, aber es dort auch nicht sein musste. Ich war eine Art »Backoffice« für Harry, ich wirkte im Hintergrund. Nicht für alle sichtbar, aber ich hoffte für Harry fühlbar. Wir, Kaia und ich, waren der Rückhalt und »die Normalität«. Und das war mehr als genug.

Als Kaia ihren Nachmittagsschlaf hielt und ich noch immer keinen Besuch hatte, beschloss ich, mir den im Sterbefall wichtigen Ordner genauer anzusehen. Ich blätterte durch Dokumente von Lebensversicherungen, Unfallversicherungen und Sterbekassen. Alles übersichtlich sortiert und so eingeordnet, dass man schnell überblicken konnte, in welchen Fällen welche Versicherung griff und für wen. Ab und an waren Post-Its mit kleinen Kommentaren versehen. »Adresse ändern. Vivien und Kaia auch versichern?«, stand in Ellas Handschrift auf der Hülle, in der Unterlagen einer Sterbekasse für Harry abgeheftet waren. Sterbekasse, Sterbefall. Es fühlte sich irgendwie so falsch an, diese ganzen Unterlagen durchzugehen. Ich dachte an Harrys Eltern. Zwischen den beiden lag ein Altersunterschied von zwölf Jahren. Harrys Papa, der im Jahr der Flut häufiger beim Arzt oder auch im Krankenhaus gewesen war, hatte sich liebevoll um das riesige Grundstück gekümmert. Rasen gemäht, gepflanzt, geerntet, Bäume und Sträucher beschnitten oder gefällt, Dinge repariert, neue gebaut. Er hatte Freude daran gehabt, seinen Ruhestand mit dieser Art der Arbeit zu verbringen. In der Zeit, in der es ihm nicht so gut ergangen war, hatte ich mich oft gefragt, wie es wohl mit dem Haus und dem Grundstück weitergehen würde, wenn er es nicht mehr pflegen konnte. Wir hatten nie darüber gesprochen, was die Wünsche der beiden fürs Alter waren. Und jetzt all diese Dokumente durchzugehen und über die Gedanken von vor ein paar Monaten förmlich zu lachen, fühlte sich für mich so an, als hätten wir einen entscheidenden Schritt übersprungen. Ich blätterte bis zum Ende des Ordners und hielt inne, als ich auf dem sorgsam eingehefteten DIN-A4-Blatt in Ellas Handschrift las: »Mein Testament«.

»Das ist mehr, als nur einen Schritt zu überspringen«, dachte ich, während ich die insgesamt fünf Blätter aus der Folie zog. Ich begann zu lesen. Auf der ersten Seite schrieb sie fest, wer von ihr erben sollte: ihre Söhne. Franky und Harry. Auch wenn ich es so ausformuliert noch nie gelesen hatte, verwunderte es mich nicht. Ich blätterte weiter. »Letzte Wünsche«, stand auf Seite 2. Und während ich las, stellte ich fest, dass sie ihre Beerdigung bis ins Detail geplant hatte. Sie wünschte sich eine »Predigt über die Liebe Gottes«. Und statt des i-Tüpfelchens in dem Wort Liebe hatte sie ein Herz gemalt. Ich schmunzelte. »Die Beerdigung sollte keine Trauerfeier sein, sondern ein ›Sich erinnern und zurückblicken‹ und ›den Blick nach oben richten‹ … Kein Schwarz … Viel Herz und viel Liebe … Es soll ein Freudenfest der Erinnerung werden … Zum Abschied nur: ›Gott sieht unsre Tränen‹ (Regen fällt und fällt!)«

Ich schluckte und hatte das Lied von Albert Frey[3] sofort im Kopf:

Gott sieht unsre Tränen, Gott fühlt unser'n Schmerz,
Gott kennt unser Sehnen, weiß um unser Herz.
Er kann es verstehen, wenn keiner uns versteht.
Trost und Liebe geben, wenn uns die Hoffnung fehlt.
Regen fällt und fällt, durchdringt die ganze Welt.
Seht, der Himmel weint, im Leid mit uns vereint.
Durch die Wolken dringt ein Sonnenstrahl und bringt
Hoffnung, die das Licht in Regenbogenfarben bricht.

»Wie unpassend«, dachte ich. »Das können wir an dem Tag unmöglich singen. Wo doch der Regen eine so entscheidende Mitschuld an diesem Anlass trägt.« Aus den vielen Liedern, die sie so gerne mochte, warum genau dieses?

Vorbereitet. Wieder huschte dieses Wort durch meinen Kopf. Ja, irgendwie war es doch auch ein prophetischer Wunsch. Denn das Lied endet nicht beim Regen, beim Wasser. Es endet beim Licht. Bei bunten Farben. Bei dem Regenbogen, Gottes Versprechen. Ich merkte, dass ich in diesem Moment in meinen Gedanken auch hätte anders abbiegen können. Dass ich Gott hätte anklagen können. Hatte er sein Versprechen in der Flutnacht etwa vergessen? »Nie wieder eine solche Flut!« Das hatte er Noah versprochen. Aber ich wollte gar nicht Gott anklagen. Ich wollte niemanden anklagen. Es brachte mir niemanden zurück. Und ich war dankbar für den Traum meiner Mama. Eine Umarmung in die Ewigkeit. Ich konnte mir nichts Schöneres vorstellen.

Ich blätterte um und las weiter: »Ich möchte nicht aufgebahrt werden. Es sollen keine Fotos von mir gemacht werden. Die Menschen sollen mich so in Erinnerung bewahren, wie sie mich lebend gekannt haben.«

»Nichts lieber als das«, dachte ich. Es war also nicht nur mein Wunsch, sondern auch Ellas, dass niemand eine Wasserleiche identifizieren sollte.

Darunter stand: »Das ist mein Wille«, Ellas Unterschrift und ein Datum. Januar 2016. Und mit pinkem Fineliner, mit dem sie die Ergänzungen und insbesondere die Liedwünsche aufgeschrieben hatte, darunter: »März 2021«. Vier Monate vor der Flut.

Ich schob alle Blätter wieder fein säuberlich zurück in die Klarsichtfolie, schloss den Ordner und verstaute ihn bei den anderen Ordnern. Solange wir keine offiziellen Informationen hatten, konnten wir sowieso noch keine von diesen Lebens- und Sterbeversicherungen kontaktieren.

Ein Blick auf das Babyfon verriet mir, dass Kaia immer noch schlief. Mein Magen knurrte und ich merkte, dass auch ich auf meine Pausen achten musste. Ich fühlte mich wie in meinen Geigenunterricht zurückversetzt. »Pausen sind genauso wichtig für die Melodie wie die Töne, die du spielst«, hatte meine Lehrerin mir immer gesagt, wenn ich mal wieder eine Pause übersprungen oder kürzer gemacht hatte, als sie eigentlich vorgesehen war. Während ich mir einen Apfel aus der Küche nahm und mich nach draußen in den Schaukelstuhl setzte, hoffte ich, dass Harry sich diese Pausen am Haus auch nehmen konnte.

Ich saß keine zwei Minuten, da merkte ich, warum mir diese Pausen so schwerfielen. Nicht nur weil ich dachte, ich könnte noch dies oder jenes tun, sondern vor allem, weil in den Pausen Ruhe einkehrte und ich mit meinen Gedanken und Gefühlen wirklich allein war. Keiner riss mich aus ihnen heraus, niemand hielt mich beschäftigt, es gab keinen Filter und keine Ablenkung.

Ich fragte mich, was genau ich da eigentlich fühlte. Ich trauerte. Ich weinte. Aber ich konnte doch nie sagen, worüber genau. In einem Moment weinte ich um Hans, Ella und Franky. Um alle zusammen und jeden für sich. Ich trauerte um die Zukunft, die ich mir mit ihnen ausgemalt hatte. Um die Pläne, Träume und Wünsche der drei, die sie nicht mehr in die Tat umsetzen konnten. Und gleichzeitig war ich traurig darüber, dass die Erinnerungen einfach für immer nur Erinnerungen bleiben würden. Ich würde Kaia nie erklären können, wie es gerochen hatte, wenn wir das Haus von ihrer Oma und ihrem Opa betreten hatten. Sie würde nie wissen, welche Treppenstufen geknarzt hatten. »Merkt man eigentlich immer erst, was für ein Glück man hatte, wenn es plötzlich nicht mehr da ist?«, fragte ich mich. Ich hätte ihnen so gerne noch gesagt, wie lieb ich sie habe und wie besonders sie für mich waren.

Ich nahm mein Handy und scrollte in meinen Unterhaltungen vorbei an all den ungelesenen neuen Nachrichten bis zum Chat mit Ella. Die letzte Nachricht, die sie mir persönlich und in keiner Gruppe geschickt hatte, war eine Sprachnachricht zu meinem Geburtstag. Vor genau einer Woche. Ich hatte den Geburtstag bei meinen Eltern verbracht, und weil Franky an dem Tag sowieso nicht zu Hause gewesen war, hatten wir vereinbart, dass wir in genau einer Woche – heute – zu ihnen kommen würden, um meinen Geburtstag bei ihnen im Garten nachzufeiern. Nur wir sechs. Harry, Kaia und ich und Hans, Ella und Franky.

Wie oft machten wir Termine eine Woche im Voraus aus? Und wie sehr konnte sich die Welt in einer Woche verändern?

Ich stellte mein Handy ganz laut und ließ die Sprachnachricht abspielen. »Liebe Vivien, zum Geburtstag alles, alles Liebe. Nur das Beste«, hörte ich Ella sagen. Und dann den Zwischenruf von Hans aus der Entfernung: »Von Herzen!« Ella lachte und wiederholte: »Von Herzen alles, alles Liebe. Wir haben dich sehr lieb.«

Ich schluchzte. »Ich euch auch«, sagte ich in Gedanken, während mir Tränen auf mein T-Shirt tropften und ich die Nachricht noch mal anhörte. Ich konnte mir genau vorstellen, wie sie auf der Terrasse saßen, Hans auf seinem »Stammplatz«, und diese Nachricht aufnahmen.

Kurz darauf klingelte es und meine Freundin stand vor der Tür. »Was für ein Timing«, dachte ich mit Blick auf das Babyfon, denn Kaia saß schon wieder wach im Bett.

Während meine Freundin da war, konnte ich weitere Dokumente abhängen und in Ruhe die Unterlagen durchgehen, die Harry am Vortag mitgebracht hatte. Vieles davon muss wohl auf Ellas Schreibtisch gelegen haben. Ich schaute mir jeden Zettel an und sortierte alles, was nicht sofort oder bald erledigt werden musste, in eine Kiste, die ich später in den Keller bringen wollte. Auch die Ausgabe der BILD-Zeitung wanderte in diese Kiste. Bald war sie voll und ich hatte nur drei Dinge auf Harrys Schreibtisch gelegt, die ich mir noch genauer angucken wollte. Das eine war ein großes Stück Papier, auf dem allerhand biblische Namen aufgeschrieben waren. Man sah die Lebensdauer der Personen in einer Art Zeitstrahl, den Ella mit Bleistift aufgezeichnet hatte. Das Einzige, was diesen Zeitstrahl kreuzte, war ein vertikaler Strich, über dem stand: »FLUT«.

Darunter hatte Ella verschiedene Rechnungen aufgestellt. Jahre von Abraham bis zur Flut, Jahre von Noah bis zur Flut, Jahre von der Flut bis zu Jesu Geburt … Es sah aus wie ein Bibelstudium, aber ich war dennoch verwundert darüber, dass sie alle Zahlen in direkten Bezug zur Flut setzte und dass es der einzige Zettel dieser Art war. Dennoch legte ich ihn danach in die Keller-Kiste. Sollte Harry diesen Zettel auch sehen wollen, dann könnte ich ihn ja jederzeit wieder für ihn nach oben holen.

Außerdem fand ich einen Stapel von gelben Post-Its. Auf jedem davon standen ein Satz oder Halbsatz, manchmal auch nur ein paar Worte. Man sah, dass Ella schnell einen Gedanken festgehalten hatte, denn die Schrift auf den Zetteln war unordentlich. Ich nahm die Kleber nacheinander ab und versuchte das Geschriebene in eine sinnvolle Reihenfolge zu bringen. Die Überschrift hatte sie ganz oben in die Ecke des Post-Its mit dem offensichtlich ersten Satz geschrieben:

Die Krähe

Über dem tosenden Wasser,
weit über der Erde, hoch über dem Boden,

mit dem schrecklichen Sturm kämpfend,
flogen Krähen vorbei.

Nur einer,
vergessen,
mit einem gebrochenen Flügel,
mit gebrochenem Herzen flog er umher.

Er flog tiefer und tiefer
über dem Abgrund des Wassers,
wenn er auch sehr bemüht war
über der Welle zu schweben.

Und es schien, dass der Tod
vor ihm schon nahe war.
Plötzlich sah er ein Boot
von oben zwischen den Wellen.

Wenn du im Sturm des Lebens
vom Pfeil getroffen wirst,
fürchte dich nicht,
sondern schau mit dem Glauben nach oben.

Inmitten des aufgewühlten Wassers,
Sorgen und Aufregung,
inmitten des Leidens und Wehens
wartet ein Retter der Menschen.

Möge das Meer des Lebens mit erbittertem Tod drohen,
er wird dich niemals ohne Kraft lassen.

Gott, mit Liebe in seinen Augen,
gibt auf dich Acht.

Wo immer du bist, lieber Freund,
Gott ist immer mit dir.
Er lässt dich nicht ohne Kraft,
niemals.

Ich bekam Gänsehaut und zeigte die Zettel meiner Freundin. Es kam mir so vor, als hätte Ella diese Zeilen für Harry geschrieben. Für genau diesen Moment. Und irgendwie erinnerte es mich auch an den Traum meiner Mama, in dem Ella im Glauben nach oben geschaut hatte und von dort aus den Wellen gerettet worden war. »Ich lasse das hier oben. Ich glaube, das sollte Harry lesen«, sagte ich. »Auf jeden Fall!«, bestärkte mich meine Freundin.

Dann öffnete ich den Fotoumschlag, auf dem mein Name stand. Ich lächelte. Es waren die Fotos, die Ella von mir gemacht hatte, als Harry und ich ein halbes Jahr zusammen gewesen waren. Eigentlich hatte sie sich gewünscht, dass wir zusammen für sie vor der Kamera posierten, aber Harry hatte keine Lust gehabt, sodass nur wir beide an diesem schönen Märztag in Heppingen unterwegs gewesen waren.

Ich schaute mir die Fotos genau an, obwohl ich jedes davon kannte. »Sie hatte wirklich eine Gabe, das Beste in einem Menschen sichtbar zu machen«, dachte ich, als ich mich selbst auf dem vorletzten Foto in der Sonne unter der Brücke in Heppingen sitzen sah. Ich legte es zur Seite und sah, dass das letzte Foto nicht von mir war, sondern ein Ausdruck, den ich ihr vor nicht allzu langer Zeit gegeben hatte. Lange Zeit hing in meinem Jugendzimmer über meinem Bett ein Bild mit einem Zitat, das mir meine Oma geschenkt hatte.

Es war in Frakturschrift geschrieben und gar nicht so einfach zu lesen, aber ich mochte, was darauf stand, und hatte es gern mit Ella teilen wollen.

Also hatte ich es ihr ausgedruckt und sie hatte es an den Bildschirm ihres Computers angelehnt. Folgendes stand darauf:

Hab Sonne …

Hab Sonne im Herzen,
ob's stürmt oder schneit,
ob der Himmel voll Wolken,
die Erde voll Streit.
hab Sonne im Herzen,
dann komme, was mag:
das leuchtet voll Licht dir
den dunkelsten Tag!

Hab ein Lied auf den Lippen
mit fröhlichem Klang
und macht auch des Alltags
Gedränge dich bang.
Hab ein Lied auf den Lippen,
dann komme, was mag:
das hilft dir verwinden
den einsamsten Tag!

Hab ein Wort auch für andre
in Sorg und in Pein
und sag, was dich selber
so frohgemut läßt sein:
Hab ein Lied auf den Lippen,

verlier nie den Mut,
hab Sonne im Herzen,
und alles wird gut!

Cäsar Flaischlen[4]

Und nach all den Jahren, die mich dieses Gedicht schon begleitete, las ich es an diesem Tag zum ersten Mal anders. »Gottes Liebe ist wie die Sonne«, summte ich. Endlich zahlte es sich mal im echten Leben aus, dass wir in der Schule ohne Ende Gedichtinterpretationen geschrieben hatten. Wenn ich in meinem Bild von morgens weiterdachte, dann stand da:

»Hab Gottes Liebe im Herzen, und alles wird gut.«

Dieses Gedicht, die Fotos von Herzsonnenblumen und mir in einem Umschlag: Alles zusammen fühlte sich an wie ein Zuspruch.

Ich legte auch den Umschlag mit den Fotos in die Kiste für den Keller, sammelte alle Ordner und sonstigen Unterlagen zusammen und verstaute sie mit meiner Freundin und Kaia auf dem Arm in unserem völlig zugestellten Keller.

Danach sah es in der Wohnung fast so aus, als wäre nie etwas gewesen. Meine Freundin blieb bis nach dem Abendessen und verabschiedete sich erst von uns, als ich ihr sagte, dass Harry sich gemeldet habe und auf dem Weg nach Hause sei, damit ich möglichst wenig allein war. Als Kaia gerade schlief, fragte Harry: »Essen wir bei Freunden?«

»Kaia schläft schon«, antwortete ich. »Du kannst ja auch allein fahren, wenn du magst.«

Kurze Zeit später meldete Harry sich erneut, um mitzuteilen, dass er doch direkt nach Hause und nicht erst zu unseren Freunden fahren würde.

Es kam mir in den vergangenen Tagen manchmal so vor, als würden wir in komplett unterschiedlichen Welten leben. Deswegen war ich froh, dass er nach Hause kam und auch niemand sonst bei uns war. So konnte ich ihm von dem Gedicht seiner Mama berichten und ihm die Post-Its in aller Ruhe zeigen. Harry hielt sie wie einen Schatz, als er vorsichtig eins nach dem anderen vom Stapel nahm und leise las. Und obwohl das Geschriebene noch teilweise wirr wirkte, sah ich, wie sehr es ihn bewegte, und nahm ihn in den Arm, während er mit Tränen in den Augen weiterlas.

»Das erinnert mich irgendwie an das Bild, das Mama gezeichnet und Franky mir mal geschickt hat«, sagte Harry, als er zu Ende gelesen hatte. »Welches Bild meinst du?«, fragte ich. Er nahm sein Handy und klickte auf den Chat mit seinem Bruder. »Das meine ich«, sagte er und zeigte mir ein Foto einer Bleistiftzeichnung. Darauf zu sehen waren einige Menschen in einem strömenden Fluss. Am Bildrand war ein Wasserfall zu erahnen. Einige Menschen sahen aus, als würden sie verzweifelt nach Hilfe rufen und wegtreiben, andere hielten sich an Rettungsringen fest, auf denen in Großbuchstaben das Wort »GNADE« stand. An der rechten Seite des Bildes hatte Ella geschrieben: »Traum vom 23. 2. 2005«. »Das ist krass«, sagte ich.

»Aber was ist eigentlich Gnade?«, fragte ich mich in Gedanken, doch Harry fing schon an zu berichten, wie der Tag für ihn gewesen sei, also schob ich mein Gedankenspiel zur Seite und schenkte ihm meine volle Aufmerksamkeit. Es war für mich der erste Abend, an dem ich nicht nur Fotos sah, sondern Harry mir erzählte, dass über 40 Menschen mit ihm am Haus gewesen seien und geholfen hätten, das komplette Erdgeschoss und die Scheune inklusive Speicher auszuräumen und sich jetzt alles in der Einfahrt türmte. Und wie schön es trotz all der Tatsachen für ihn sei, so viel Hilfe zu erfahren. Außerdem erzählte er, dass sie Hans' Werkstatt, die im

Hof gestanden habe, komplett abgerissen und das Auto aus Platzgründen auf das Nachbargrundstück gezogen hätten. Ich sah es auf den Fotos. Die breite Einfahrt war jetzt nur noch ein schmaler Durchgang neben meterhohen Bergen von undefinierbaren verschlammten Gegenständen.

»Und wie geht's jetzt weiter?«, fragte ich.

»Morgen gehe ich zum Arzt und lasse mich krankschreiben. Mein Teamleiter weiß schon Bescheid, dass ich die Woche noch nicht arbeiten kann«, antwortete Harry.

»Okay«, sagte ich. »Wirst du dann die ganze Woche am Haus sein und sind da noch genügend Leute, die helfen?«

»Ich weiß es nicht, aber ich denke schon. Wir müssen jetzt einfach von Tag zu Tag schauen.«

Von Tag zu Tag schauen. Von Tag zu Tag leben.

Kapitel 8

Die neue Woche startete mit einem Arztbesuch für Harry. Er hatte mit seinem Teamleiter ausgemacht, dass er sich für die nächste Zeit krankschreiben lassen würde, um weiter das Haus zu entkernen und alle nötigen Dinge zu erledigen, die jetzt auf ihn zukamen. Ich war dankbar, dass ich wenigstens nicht erneut zum Arzt musste, da mein medizinischer Zwischenfall genau so plötzlich wie er aufgetreten auch wieder verschwunden war. Als Harry zurückkam, hatte ich bereits Besuch von drei Freundinnen, die zu einem zweiten Frühstück vorbeigekommen waren.

Er legte seine Krankschreibung und ein Rezept auf den Schreibtisch, verabschiedete sich von allen und machte sich dann auf den Weg zu seinem Onkel, den er mit nach Heppingen nahm.

Harrys Tante holte Kaia und mich ab, kaum dass mein Besuch das Haus verlassen hatte, damit wir den restlichen Tag nicht allein verbringen mussten. Ich war so dankbar für solche nahtlosen Übergänge, obwohl ich meine Energie eigentlich nicht aus Treffen mit anderen zog, aber es hielt mich beschäftigt und half mir, nicht allein mit meinen Gedanken und Gefühlen zu sein.

Als sie ihre Haustür aufschloss, bemerkte ich direkt diesen beißenden Geruch vom Schlamm. Im Wohnzimmer lagen jede Menge Bilder auf dem Boden, die einigermaßen gesäubert waren, aber an einigen Stellen noch etwas hartnäckigere Schlammablagerungen aufwiesen, und noch trocknen mussten. Vermutlich roch es bei einigen Familienangehörigen ähnlich, vermutlich sah es auch ähnlich aus, denn die Fotoalben von Ella und Hans waren aufgeteilt worden, um die Fotos zu säubern, zu trocknen und schließlich zu digitalisieren. Und obwohl ich nur zu gut wusste, wie der angetrocknete Schlamm auf Dokumenten roch, war ich überrascht darüber, wie sehr sich dieser Geruch, der von ein paar Fotos ausging, über alle anderen Gerüche legte und sich in meiner Nase festbiss.

Als Kaia nachmittags schlief, sah ich, dass Harry ein Foto geschickt hatte. »Das haben die Nachbarn aus dem Neubaugebiet aufgenommen«, schrieb er dazu. Darauf zu sehen war das Haus von der Seite. Das Erdgeschoss konnte man nur unter der Wasserlinie vermuten, die auch an der Scheune bis zum Ansatz der Dachschräge stand. Auch die Überdachung der Terrasse musste komplett im Wasser gestanden haben, vorausgesetzt sie war nicht sofort weggeschwemmt oder von Treibgut oder der Kraft der Wassermassen abgerissen worden. Von den seitlichen drei Fenstern am Haus waren nur die oberen beiden zu sehen und im Anbau in Richtung Hof sah man, dass das Wasser bis zur Fensterbank des oberen Fensters reichte.

Kaias Schläfchen nutzte ich dazu, auf dem Balkon in Ruhe mit dem Versicherungsmakler von Harrys Eltern zu telefonieren, der sichtlich betroffen war. Ich fragte, was wegen der Versicherungen wichtig und zu beachten sei. »Macht so viele Fotos wie möglich, von allem, was euch irgendwie wichtig erscheint«, antwortete er. Ich dachte an die Fotos in der Cloud, all die verdreckten und kaputten Dinge. Würde eine Versicherung daran überhaupt erkennen können, was von welchem Wert war?

»Und weißt du zufällig, wie das Haus versichert ist?«, fragte ich weiter. Er erläuterte mir, dass sie beim letzten Termin mit ihm noch darüber gesprochen hatten, dass bei der Gebäudeschutz- und Hausratversicherung noch einige Anpassungen vorgenommen werden müssten, das aber noch nicht entsprechend geändert hätten. »Ich meine, dass weder das Gebäude noch der Hausrat gegen Elementarschäden abgesichert sind«, antwortete er schließlich. »Aber ich müsste das noch mal genau nachschauen.«

Ich seufzte und merkte, wie Harrys Tante mich aus dem Küchenfenster fragend anschaute. Ich schüttelte den Kopf, fragte noch, ob wir uns bei weiteren Fragen zu den Versicherungen wieder bei ihm melden konnten, bedankte mich für das Telefonat und legte auf. Ein paar Sekunden blieb ich noch auf dem Balkon stehen, von dem man über ganz Bonn gucken konnte, atmete tief durch und ging wieder ins Haus. Harry schrieb ich, dass sie weiterhin möglichst viele Fotos von dem Haus und allen Gegenständen machen sollten, dass die Versicherungen aber vermutlich nicht für den Schaden haften würden.

»Warte mal kurz«, sagte Harrys Tante, als sie im Wohnzimmer verschwand. »Kennt ihr das Buch von Arne Kopfermann?«, fragte sie. »Nein«, antwortete ich. Kurz darauf kam sie mit dem Buch in der Hand zurück und reichte es mir. »Das haben wir am Wochenende aus dem Haus mitgenommen. Das gehörte Ella.« Ich blickte auf ein schwarz-weißes Cover, auf dem in großen gelben Buchstaben stand: »MITTEN AUS DEM LEBEN«. Und klein in Schwarz darunter: »Wenn ein Sturm deine Welt aus den Angeln hebt«. Ich strich über den Buchrücken und bemerkte, dass bis auf eine kleine Falte nichts darauf schließen ließ, dass Ella dieses Buch gelesen hatte. Es sah aus wie neu. Ich schmunzelte.

Ich mag es, wenn man Büchern ansieht, dass sie gelesen und gebraucht wurden. Ich liebe Eselsohren in den Seiten oder kleine Notizen und Markierungen. Für mich fühlt sich ein sichtbar gelesenes Buch so an, als dürfte man nicht nur in die Seele des Autors, sondern auch in die des vorherigen Lesers schauen. Bei Ella war das anders. Nicht, dass sie sich keine Gedanken über das machte, was sie da las. Aber sie hielt ihre Gedanken nicht im Buch fest, sondern auf einem Extra-Blatt. Sie las die Bücher mit solcher Vorsicht, dass sie das Buch niemals über den Buchrücken knickte und meist wies nur ein Lesezeichen darauf hin, an welcher Stelle sie in der Erzählung war. Ich klappte das Buch ganz vorsichtig auf, so als würde ich es extra für sie so behutsam behandeln, und sah, dass vor Seite 29 ein Bild steckte. »Ihr Lesezeichen«, vermutete ich leise. Ich hob es an und sah die Überschrift von Kapitel 3: »Der Tag, an dem der Sommer zu Ende ging«. Ich schluckte und las weiter – nur den ersten Absatz:

Ich halt dich fest
Wenn ein Sturm aus dem Nichts
deine Welt aus den Angeln hebt
Das Leben, das du kanntest
Löst sich von Innen auf
Wenn dein Innerstes schreit
Doch der Schmerz keine Worte hat
Halte ich dich fest[5]

Ich klappte das Buch zu, merkte, wie meine Augen sich mit Tränen füllten, und sah, wie Harrys Tante mir gegenüber mich ebenso anschaute. »Ich dachte, Harry sollte es haben«, sagte sie. »Hast du die erste Seite gesehen?« Als ich das Buch wieder aufschlug, sah ich, dass es ein signiertes Exemplar war. Vorne stand keine Widmung, nur: »Gott weiß …« und darunter: »Jeremia 29,11«. Ich googelte den Bibelvers:

»Denn ich allein weiß, was ich mit euch vorhabe: Ich, der Herr, habe Frieden für euch im Sinn und will euch aus dem Leid befreien. Ich gebe euch wieder Zukunft und Hoffnung. Mein Wort gilt!« (Jeremia 29,11).

»Mein Wort gilt!«, wiederholte ich leise. »Und was ist mit dem Versprechen: ›Nie wieder so eine Flut‹? Gilt dein Wort da nicht, Gott?« Ich spürte die Wut in meinem Bauch. Warum habe ich nur an meine Eltern gedacht und nicht an Ella und Hans? Und warum waren sie überhaupt draußen gewesen, mitten in der Nacht? Wo hatten sie hingehen wollen? Mein Gedankenkarussell begann sich zu drehen. »Ich habe Frieden für euch im Sinn und will euch aus dem Leid befreien.« *Leid*. Hatten sie Schmerzen gehabt? Wann hatten sie gemerkt, dass sie es nicht schaffen würden? Wie haben sie sich gefühlt? Woran haben sie gedacht?

Ich schloss die Augen, atmete tief ein. *Durchtauchen*. Ich dachte an Mamas Traum, an die Umarmung in die Ewigkeit. *Frieden*. »Ich habe Frieden für euch im Sinn.« »Ist es nicht egoistisch, dass ich diesen Traum kenne und in dieser Vorstellung Frieden finde und ich ihn Harry verwehre?«, fragte ich mich in Gedanken. »Vielleicht hat er auch ein solches Gedankenwirrwarr und er sollte das wissen.« Ich beschloss, dass meine Mama ihm bei nächster Gelegenheit davon berichten sollte.

Harrys Tante zeigte auf die Bananenkiste voller Ordner. Noch mehr Ordner! Sie hatte alle losen Zettel von Franky thematisch sortiert und abgeheftet. Ich erkannte außerdem Ellas Ordner für ihre Zeichnungen, Gedichte und Lieder. Mir war gar nicht bewusst, dass ich diesen auch Harrys Tante mitgegeben hatte, als sie die vielen Unterlagen bei uns abgeholt hatte. Neugierig zog ich ihn heraus und blätterte durch Ellas kreative Sammlung. Ganz vorne fielen mir einige Zettel mit Gekritzel auf, die so aussahen wie meine Zettel, die ich während des Telefonierens bemalte. Eben so, als hätte sie ganz nebenbei und nur grob etwas gemalt, gezeichnet oder geschrieben. Ich überflog sie nur und las die ersten Zeilen:

Mein Herz zieht mich nach oben,
mein Heim ist dort.

Umarmung in die Ewigkeit. »Dein Herz ist zu Hause, Ella«, murmelte ich. Das, was etwas weiter unten stand, wirkte wie der erste Absatz eines Gedichts:

Wenn der Regen auf die Erde niederfällt
kann es sein, dass es so manchem nicht gefällt.
Doch der Regen bringt viel Segen für die Frucht
und ist völlig unentbehrlich für die Zucht.
Doch zu viel Regen ist kein Segen, sondern Fluch.

Ich setzte mich auf den Boden im Flur. Und las es erneut. Und noch mal. Und noch mal. Ich konnte einfach nicht glauben, dass dieser letzte Satz, mit dem eigentlich ein neuer Absatz beginnen sollte, einfach so endete. Mit dem Regen als Fluch. *Vorbereitet.*

In irgendeiner Weise musste sie gewusst haben, es gefühlt haben, dass Wasser, dass Regen so …

»Ich glaube, Kaia ist wach«, riss mich Harrys Tante aus den Gedanken und zeigte auf das Babyfon.

Abends holte uns meine beste Freundin ab und brachte uns nach Hause. Eigentlich hatte ich gehofft, dass Harry uns mitnehmen würde, wenn er seinen Onkel ablieferte, aber ich wollte ihn nicht drängen nach Hause zu kommen, auch wenn ich dachte, dass es für Kaia gut wäre, wenn sie ihren Papa vor dem Schlafengehen noch sehen würde. Ich wollte, dass Harry am Haus auch die Möglichkeit hatte, Pause zu machen oder mit den Menschen im Hof zu sprechen. Er sollte ja auch nicht den ganzen Tag durcharbeiten.

Während ich Kaia ins Bett brachte, übernahm meine Freundin das Rasenmähen bei uns zu Hause und ich konnte innerlich diesen Punkt von meiner und vor allem von Harrys To-do-Liste streichen.

»Kann ich wirklich fahren?«, fragte sie mich, als Harry um halb zehn immer noch nicht zu Hause war. »Ja, klar. So lange kann es nicht mehr dauern. Ich bin nicht lang allein. Mach dir keine Sorgen«, antwortete ich. Nachdem sie leise die Tür zugezogen hatte, war da wieder diese Stille. Diese Stille, die ich auf der einen Seite liebte, weil ich dann ganz bei mir sein konnte, und auf der anderen Seite fürchtete. Aus demselben Grund. Auf dem Esstisch standen noch die Blumen meiner Freundin aus München. Wie ein stilles Zeichen: »Du bist nie wirklich allein.«

Ich zog Ellas Mappe erneut aus der Bananenkiste, setzte mich auf die Terrasse und streckte die Füße in die frisch gemähte Wiese. Die Steine hatten die Wärme des Tages gespeichert und wärmten meinen Körper, der Grillgeruch vermischte sich mit dem des frisch gemähten Grases, die Sonne hüllte alles in ein orangefarbenes Licht. Und für einen Moment fühlte ich nichts außer diesem kleinen Glück. Bis sich die Trauer in mir hochschlich. »Ihr solltet jetzt hier sein. Ihr solltet diesen Sommer erleben«, dachte ich und die Tränen begannen zu fließen. Ich öffnete Ellas Mappe, begann zu blättern und blieb bei einer Seite hängen: »Weint nicht um mich«, stand da in Ellas Schönschrift. Es war ein Lied, das sie im Jahr 2005 geschrieben hatte:

Weint nicht um mich,
bitte tut es nicht.
Wischt die Tränen fort,
denn ich bin schon dort.
An dem schönen Ort,

wo die Liebe wohnt.
Weint nicht um mich,
ein Jeder weint für sich.

Verlor'ne Zeit
kehrt nie mehr zurück.
Und jeder träumt
von ein bisschen Glück.
Ich darf endlich frei
wie ein Adler sein.
Weint nicht um mich,
ein Jeder weint für sich.

Hab den Lauf vollbracht
und an euch gedacht.
Liebt einander sehr,
immer mehr und mehr.
Wenn ihr könnt, verzeiht,
denn nur das befreit.
Weint nicht um mich,
ein Jeder weint für sich.

Wenn jemand weint,
sieht man es meistens nicht.
Einer weint laut,
den ander'n hört man nicht.
Ein jeder weint für sich
und weiß es meistens nicht.
Schau endlich auf,
von dir zu Gott hinauf.

Einsam und allein
braucht wirklich keiner sein.
Lieben heißt verzeih'n,
nur Jesus kann befrei'n.
Drum lass endlich los,
leg's in seinen Schoß.
Schau endlich auf,
von dir zu Gott hinauf.

Ich wandte den Blick nach oben und sah, wie drei Vögel über das Dach flogen und im roten Licht des Abendhimmels verschwanden. Was war besser als diese Freiheit?

Als Harry um 22:15 Uhr nach Hause kam, wirkte er deutlich entspannter als in den letzten Tagen. Er berichtete kurz vom Tag und erzählte, dass es trotz aller Tatsachen schön gewesen sei, mit seinem Onkel unterwegs zu sein, und dass sie abends noch im Hof gesessen und einfach die Gemeinschaft genossen hätten. Außerdem erwähnte er, dass ein Cousin einen Statiker mit zum Haus gebracht habe und dieser den Status des Hauses als »nicht gut« bewertet habe. »Vielleicht müssen wir ja gar nicht mehr so viel am Haus machen und können es auf Kosten des Kreises abreißen lassen. Das wäre wahrscheinlich das Beste, dann hat man damit nichts mehr zu tun«, sagte Harry. »Das Bauamt ist auch im Tal unterwegs. Die müssen das wohl abschließend beurteilen.«

Ich dachte kurz darüber nach. Wie wäre es für mich, wenn das Haus meiner Eltern abgerissen werden müsste? Das Haus, in dem ich gewohnt hatte, seitdem ich sechs Jahre alt gewesen war? Und noch mehr: Wie würde es mir gehen, wenn ich diese Entscheidung fällen müsste, weil meine Eltern nicht mehr da wären? Ich konnte mir nicht einmal ansatzweise vorstellen, wie es Harry gehen musste. Das Haus seiner Kindheit, seiner Jugend, seines jungen

Erwachsenenalters. Das Haus, in dem er seit seiner Geburt gelebt hatte, in dem er aufgewachsen war, in dem er mitgeholfen hatte. Das er mitgestaltet hatte. Alle seine Erinnerungen waren so eng mit diesem Haus verknüpft. Dort war gefeiert, geliebt, gelebt worden. War es nicht, als würde man einen Teil seiner Erinnerungen, vielleicht sogar seiner selbst einreißen? Ich wusste, dass Harry nicht an den Steinen hing, an dem Haus als solchem. Aber ich wusste genauso gut, wie das menschliche Gehirn funktioniert. Manchmal brauchte es nur einen einzigen Auslöser – einen Geruch, einen Geschmack, ein Bild, ein Gefühl – und es war, als könnte man in der Zeit für einen einzigen Moment zurückreisen und kurz in einem glücklichen Moment verweilen. Und gleichzeitig machte Harry gerade neue Erinnerungen an diesem Ort. Erinnerungen mit kaputten Dingen. Würde das Haus stehen bleiben, dann könnte ihn womöglich auch ein kleiner Trigger zurück in die unglücklichen Momente bringen. Wahrscheinlich gab es in einer solchen Situation kein eindeutiges Richtig oder Falsch. Und vielleicht war es ja auch ganz gut, wenn andere das zu entscheiden hatten – in dem Fall das Bauamt.

Als Kaia am nächsten Morgen wach wurde, stand Harry mit ihr auf und sagte mir, ich könne noch weiterschlafen. Als ich später aufwachte, saßen die beiden im Garten im Schaukelstuhl und ich hörte Kaia glucksend lachen. Scheinbar hatte nicht nur Kaia ihren Papa vermisst, sondern auch Harry seine Tochter.

»Möchtest du ein Stück Kuchen zu deinem Kaffee?«, fragte ich. Meine Freundin hatte am Tag zuvor eine große Ladung Kuchen mitgebracht, die Harry ans Haus mitnehmen konnte. Harry bejahte. Also schnitt ich ihm ein Stück von dem Kuchen mit Schokostreuseln ab. »Oh, Ameisenkuchen«, sagte er und ich sah, dass die Tränen aus seinen Augen liefen. Ich umarmte ihn, Kaia zwischen uns, während er schluchzend weinte. »Den hat Mama immer für mich gemacht.«

»Und ich dachte, dass das Haus ein Trigger ist«, dachte ich. »Dabei ist es ein Kuchen, der ihn zum Weinen bringt.«

Ich konnte an einer Hand abzählen, wie oft Harry in den zehn Jahren unserer Beziehung oder sogar den 17 oder 18 Jahren, die wir uns bis zu diesem Zeitpunkt kannten, geweint hatte. Und natürlich tat es mir weh, ihn so zu sehen. Aber ich war gleichzeitig so dankbar dafür, dass er und wir zusammen weinen konnten. Dass Harry diese Gefühle und den damit verbundenen Gefühlsausbruch zulassen konnte. Dass er begann zu trauern.

»Tut mir leid, ich wusste nicht, dass der Kuchen dich zum Weinen bringen würde«, sagte ich. »Nein, alles gut. Ich freue mich über den Kuchen. Aber ich bin auch traurig, dass Mama mir den nicht mehr backen kann«, antwortete er.

Als Harry wieder auf dem Weg zum Haus war, kümmerte ich mich darum, dass sein Arbeitgeber seine Krankmeldung bekam. Dabei stellte ich fest, dass er nur bis Ende der Woche krankgeschrieben war und dass auch er ein Rezept für ein Antidepressivum bekommen hatte. Noch wütend über den Arzt, rief ich die zuständige Kollegin aus der Personalabteilung an. Sie erkundigte sich nach Harry, nach dem aktuellen Stand und sagte dann: »Wir beten für euch. Aber wenn wir euch darüber hinaus irgendwie unterstützen können, dann meldet euch.« Was für ein Geschenk, so einen Arbeitgeber zu haben. Die Dankbarkeit übertönte die Wut. Und ich stellte fest, dass es die letzten Tage doch oft so gewesen war, dass die negativen Gefühle durch so viele positive Eindrücke teilweise verdrängt worden waren. Ich schrieb mittlerweile täglich deutlich mehr als drei Punkte auf meine Dankbarkeitsliste.

Nachmittags holte mich mein Vater ab, während meine Mutter auf Kaia aufpasste, denn ich sollte bei seinem Arbeitgeber die zweite Corona-Impfung erhalten. »Von der einen Krise in die nächste«, sagte ich im Auto zu meinem Vater. »Erst Corona und dann die Flut.« Harry kam an diesem Abend früher nach Hause und wir konnten zum ersten Mal ausgiebiger über den Tag sprechen. Er sah müder aus als sonst und erzählte, dass die Polizei ihn zweimal angerufen habe. Beim ersten Mal hätten sie ihm gesagt, dass sie Franky gefunden hätten. Doch kurz darauf sei ein zweiter Anruf gekommen, bei dem sie ihm mitgeteilt hätten, Franky sei doch nicht gefunden worden, es sei ein Versehen gewesen. Ich konnte mir gut vorstellen, dass Harry nach diesem Hin und Her emotional einfach müde war.

Harry berichtete weiter, dass ihm jemand von einem Traum erzählt habe, den er vor einiger Zeit gehabt habe. Im Traum sei er durch Wasser gelaufen und dann von einer Welle mitgerissen worden. Unter Wasser sei alles so friedlich gewesen. »Ich dachte direkt, dass er nicht von sich geträumt hat, sondern aus Papas Sicht«, sagte Harry. »Irgendwie eine richtig schöne Vorstellung, dass es dann sofort ganz friedlich war.«

»Ja«, antwortete ich. »Mama hatte vor ein paar Tagen einen ähnlichen Traum.«

»Echt? Was hat sie denn geträumt?«, fragte Harry und ich erzählte ihm grob davon.

»Aber das muss dir Mama lieber noch mal selbst erzählen«, sagte ich. »Vielleicht vergesse ich jetzt wichtige Details.« Harry war sichtlich bewegt, aber auf seinem Gesicht blitzte ein Lächeln auf.

Am nächsten Morgen machte sich Harry nicht direkt auf den Weg zum Haus, denn auch er hatte heute noch einen Termin für seine zweite Impfung und holte danach seine Tante ab, die mit ihm fuhr. Gegen Nachmittag meldete er sich und berichtete, dass Freunde ihm rieten, Soforthilfe für Flutbetroffene zu beantragen und ein Spendenkonto zu eröffnen, um mögliche Kosten für Werkzeuge und Experten tragen zu können.

»Ich kümmere mich darum«, sagte ich. Also recherchierte ich den Rest des Tages, wie man die Soforthilfe »schnell und unbürokratisch« beantragen und erhalten konnte und welche möglichen Tools für ein Spendenkonto infrage kamen.

Zudem kam noch eine Interessentin für unsere Wohnung zur Besichtigung bei uns vorbei, denn Ende Juni hatten wir diese gekündigt und den Vertrag für eine größere Vierzimmerwohnung ab Oktober unterschrieben. Der Umzug schien mir mit all den anderen Themen in so weiter Ferne und ich war dankbar für meine Mutter, die mir an diesem Tag den Rücken freihielt.

Als Harry nach Hause kam, berichtete er von dem Anruf eines Bekannten, der von Hinweisen über die drei sprach, die er ihm nur persönlich sagen wolle. Harry war mit seiner Tante zu ihm gefahren, wo ihn nicht nur der Bekannte, sondern auch ein Notfallseelsorger erwartete. »Er meinte, dass jemand sie gesehen habe, wie sie in ein Auto eingestiegen seien, das dann von der Flutwelle erfasst und später gefunden worden sei«, sagte Harry. »Aber von offizieller Stelle haben wir dazu keine Aussage bekommen. Außerdem wusste ich ja schon von dem Nachbarn, dass er sie gehört hat. Und dem glaube ich eher als irgendwelchen Leuten, die wir gar nicht richtig kennen. War also richtig unnötig, dass wir dort waren.«

»Wow. Und ich dachte schon, ich würde Zeit verschwenden mit meinen Recherchen«, antwortete ich, weil ich auch nicht wusste, was ich dazu sagen sollte. »Immerhin habe ich herausgefunden, wie man die Soforthilfe beantragen kann, und glaube, dass ein PayPal-Moneypool am besten geeignet ist, um einen Spendenaufruf zu starten.«

Ich hatte mir nur noch keinen erklärenden Text überlegt, wofür genau wir sammelten. Also tüftelten wir gemeinsam daran und beantworteten parallel noch einige Nachrichten. Eine von Harrys Tanten bat uns, an einer Stelle, an die Verletzte gebracht worden waren, nachzuschauen, ob Hans, Ella und Franky dort waren. Wir überlegten, wie wir ihr bestimmt, aber dennoch freundlich mitteilen könnten, dass sicherlich jede verletzte Person fast eine Woche nach der Flut mehrfach darauf gecheckt worden sei, ob sie eine der Vermissten war. Allein schon, um einen Überblick über die Situation zu erhalten und die Tausende Vermisstenzahlen zu verringern.

Erst kurz vor Mitternacht waren wir so weit, dass Harry die Kampagne teilen konnte:

»In der Nacht vom 14. auf den 15. 07. 2021 traf eine Flutwelle mein Elternhaus in Heppingen im Landkreis Ahrweiler und flutete Keller, Erdgeschoss sowie ein Zwischengeschoss mit Wasser und Schlamm. Gegen 1 Uhr nachts wurden meine Eltern und mein jüngerer Bruder zuletzt am Haus gesehen. Seitdem fehlt jedes Lebenszeichen von ihnen.

Wir können das Ausmaß noch nicht vollständig bemessen, wissen jedoch, dass dieses für alle immer offene Haus, in dem gefeiert und geliebt wurde, – das Haus, das ein Mittelpunkt für die gesamte Familie war – auch zukünftig nicht mehr bewohnbar sein wird. Wir sind dankbar für finanzielle Unterstützung, um den materiellen Schaden grob abdecken zu können, auch wenn kein Geld der Welt ein Menschenleben ersetzen kann.«

Als ich morgens aufwachte, konnte ich meinen Augen kaum trauen, als PayPal anzeigte, dass bereits über 2500 Euro eingezahlt worden waren. Und die Zahl stieg stetig. Nicht nur die tatkräftige Hilfe, sondern auch die finanzielle Unterstützung war mehr als überwältigend. Kaum wach, sah ich, dass einige Freunde mir ein Video von Spiegel TV geschickt hatten, in dem der Nachbar von Harrys Eltern, unser Freund, von der Nacht berichtete. Ich hatte bislang auch noch nicht persönlich mit ihm gesprochen, war ja auch noch nicht am Haus gewesen und hatte nur von Harry gehört, was er geschildert hatte. In dem Video sagte er nicht viel, nur dass es Hilfeschreie gegeben habe und dass »eine Frau« sich an einem Kleintransporter festgehalten habe, bis das Wasser gestiegen und sie weggespült worden sei. »Ella«, dachte ich und dann sofort: »Und die anderen?« Der Gedanke daran, dass sie sich festgehalten hatte, während ihr Mann und ihr Sohn schon weggeschwemmt worden waren, schnürte mir die Kehle zu. Das Gefühl muss schrecklich gewesen sein.

Einige meiner Freunde fragten, ob es abgesprochen sei, dass er darüber berichtete, und ich verneinte. Aber musste das denn sein? Der Nachbar hatte ja nur davon erzählt, was er erlebt hatte. Ich dachte an den Artikel, den Harrys Tante tags zuvor in der Familiengruppe geteilt hatte. Dort berichtete jemand, der Harrys Familie kannte und selbst von der Flut betroffen war, davon, wie er die Nacht durchlebt habe. Am Ende des Artikels wurde geschrieben, dass man bereits in einem Gottesdienst Harrys Eltern gedacht habe. Man habe ihre Körper nicht gefunden, aber es gebe auch keine Hoffnung mehr. Und ich merkte, wie ich wütend darüber wurde, dass jemand anderes sich das Recht herausnahm, zu sagen, wann es keine Hoffnung mehr gab. Ich holte tief Luft. »Frieden finden ist der erste Schritt, aber vergeben ist deutlich schwerer. Gefühlt jeder, der etwas in dieser Nacht mitbekommen hat, ist in irgendeiner Art und Weise noch unter Schock oder traumatisiert«, dachte ich. Ich wollte lieber heute als morgen vergeben. Schließlich belastete das Nicht-Vergeben am Ende nur mich, und meine Kraft konnte ich wirklich besser gebrauchen.

»Kannst du vielleicht später das Handy von Franky zurückschicken?«, fragte Harry und holte mich aus meinen Gedanken. »Ja, klar. Muss ich da irgendetwas beachten?«, antwortete ich.

»Nein, ich habe alles geklärt. Das ist noch in dem Rückgabezeitraum«, antwortete Harry.

Franky hatte sich ein paar Tage vor der Flut ein neues Handy bestellt, das erst nach der Flut angekommen war und einfach auf dem Tisch in der Scheune abgelegt worden war. »Soll ich mich eigentlich mal informieren, ob wir einen Nachsendeauftrag auf unsere Adresse einrichten können, damit die Sachen da nicht abgelegt werden?«, fragte ich weiter.

»Das ergibt nicht so viel Sinn, wenn wir eh bald umziehen. Ich klebe jetzt erst mal den Briefkasten zu, damit da nichts mehr ankommt, und wir gucken mal, wie wir das machen«, sagte Harry.

In der Gruppe mit Harrys Halbbrüdern wurde sich währenddessen darüber ausgetauscht, dass am Tag zuvor alles »zu schnell« gegangen war.

»Was war denn gestern?«, fragte ich Harry.

»Na ja, eigentlich wurde so gut wie alles in den oberen Etagen ausgeräumt und alles rausgeworfen, was nicht mehr gebraucht wird. Dabei sind die ganzen Sachen ja noch gut oder zumindest nicht kaputt durch den Schlamm«, antwortete er.

»Aber ist das schlecht, dass die Sachen aussortiert wurden? Wolltet ihr das nicht?«, fragte ich.

»Doch, schon«, sagte Harry. »Letztlich ist es ja gut, dass wir so viel schaffen. Aber wir wissen nicht, wie das Ganze rechtlich ist oder ob wir da Schwierigkeiten bekommen können, weil wir alles räumen, obwohl die Situation nicht klar ist.« Er stockte kurz und fuhr dann fort: »Und es geht halt einfach wirklich schnell. Vielleicht ein bisschen zu schnell. Man kann sich ja gar nicht in Ruhe alle Sachen angucken, die noch von Mama und Papa da sind.«

Ich nickte. Ja, das stellte ich mir schwierig vor. Wenn man schon so nicht Abschied nehmen konnte und es sich dann so anfühlte, als müsste alles ganz schnell gehen, als müsste man schnelle Entscheidungen treffen, ohne wirklich überblicken zu können, welche Auswirkungen all das haben würde.

»Schon Freitag, und neun Tage nach der Flut«, stellte ich verwundert fest, als mir eine Tante von Harry schrieb, sie könne heute früher Feierabend machen und zu mir kommen, weil schließlich das Wochenende begann. Die Tage nach der Flut verschwammen ineinander und ich musste oft auf den Kalender schauen, um zu wissen, welchen Wochentag wir hatten. Mein Bruder hatte seine Klausuren gemeistert und war seit dem Vortag bei einem Freund untergekommen, der zwar auch im Ahrtal, aber etwas weiter oben wohnte, und fragte, ob Harry dringend Hilfe am Haus brauche oder ob er erst mal seinen Freunden helfen solle, Schlamm zu schippen.

»Ehrlich gesagt weiß ich nicht, was heute am Haus ansteht«, antwortete ich. »Aber wenn andere noch Schlamm rausbekommen müssen, dann brauchen die auf jeden Fall gerade dringender Hilfe als Harry. Der Schlamm wird ja auch hart, dann wird es noch schwerer, den rauszubekommen.«

Als mittags Harrys Tante vorbeikam, kümmerte ich mich um eine weitere Ladung zu trocknender Dokumente, während sie sich mit Kaia beschäftigte und dabei viel Spaß hatte. Als ich mit meinen schlammigen Händen durch die Glastür an der Terrasse winkte und mich zwei strahlende Gesichter anschauten, war ich einfach nur dankbar dafür, dass Kaia so leicht zu begeistern war. Wie schön, dass sie sich all unseren Freunden und Verwandten so zuwandte und es mir dadurch leicht machte, Dinge zu erledigen, bei denen ich sie nicht in der Nähe haben konnte oder wollte. Es reichte, wenn mich der Geruch des Schlamms den ganzen restlichen Tag begleitete und ich auch nach gründlichem Händewaschen immer noch das Gefühl hatte, den Dreck mit mir herumzutragen.

Nachmittags sammelte uns eine weitere Tante von Harry ein und nahm uns mit ins Ahrtal. Ich war nervös, schließlich war es das erste Mal, dass ich am Haus sein würde, seitdem das Wasser noch auf der Straße gestanden hatte. Allein den Weg zum Haus empfand ich als emotional anstrengend. Wie machte Harry das nur jeden Tag?

Überall am Straßenrand gab es provisorische Schrottplätze und Müllhalden. Massen an zerdrückten Autos, meterhohe Berge aus verschlammten, kaputten Dingen. Dinge, die mal einen Wert gehabt hatten, waren jetzt einfach nichts mehr als Müll. »Wie viele Dinge besitzt man, die einen Wert haben, egal ob materiell oder emotional?«, dachte ich während der Fahrt. »Dinge, die für einen selbst eine Erinnerung beinhalten? Und am Ende sind es nur Dinge. Dinge, die ersetzt werden können. Dinge, die in riesigen Müllbergen in der Unwichtigkeit verschwinden.« Neben den Müllbergen sah ich blühende Sonnenblumen auf dem Feld, die man selbst schneiden konnte. Das Feld, auf dem Ella immer Sonnenblumen in Herzform gesucht und auch gefunden hatte. Sie hatte sich immer über den Regen kurz vor der Sonnenblumenblüte gefreut, da dieser ihrer Meinung nach die Sonnenblumen zu Herzen forme. Wahrscheinlich wäre sie selbst jetzt in diesem Feld anzutreffen, um all die schönen Blumen zu retten und das Chaos am Haus ein bisschen zu verschönern. »Du solltest jetzt hier sein«, dachte ich.

Als wir ausstiegen, sah ich schon Menschen im Hof sitzen. Sah die Wasserlinie am Haus und die Schuttberge in der Einfahrt, dort wo eigentlich Wiese und Pflanzen sein sollten. Ich zählte die Schritte die Einfahrt herunter bis in den Hof. 1, 2, 3, 4 … Jeden einzelnen der 70 Schritte, und je näher ich an das Haus heranging, je größer es mir erschien, desto schwerer fiel es mir, mich auf das Zählen zu konzentrieren. Und war der Hof irgendwie größer geworden? Er wirkte so fremd. Ich realisierte, dass die Werkstatt fehlte. 45, 46, 47, 48 … Ich wollte nicht direkt in Tränen ausbrechen. Ein Stück der Mauer war abgebrochen, aber ein Herz, das Ella aus Bimsstein geformt hatte, stand da, als könnte ihm nichts etwas anhaben. 67, 68, 69, 70. Im Hof kamen mir einige Freunde und Verwandte von Harry entgegen, umarmten mich, begrüßten Kaia und ich konnte mich trotz der Nähe zum Haus in der Gegenwart der Menschen entspannen. Harrys Onkel hatte seinen Dutch Oven dabei, um den herum alle saßen, und kochte Chili con Carne. Auf eine Weise hatte dieses Beisammensein so etwas Natürliches an sich, dass ich fast vergaß, wie es um mich herum aussah.

Harry kam mir entgegen. »Möchtest du ins Haus?«, fragte er, nachdem er mich begrüßt hatte. Ich schüttelte den Kopf. »Nein«, hörte ich mich sagen. »Ich kann nicht.« Er nickte. »Ist gut. Sag Bescheid, wenn's dir zu viel wird.«

Die erste halbe Stunde blieb ich nur im Hof, denn ich wollte nichts sehen. Nicht das Haus, nicht die Scheune, nicht den Garten. Ich konnte einfach nicht, fühlte mich wie gelähmt und beobachtete still das Treiben um mich herum. Als ich Kaia auf dem Arm von Ellas Schwester lachen sah, stand ich auf. Wie in Trance. Ging in die Scheune, blickte nach rechts in die Küche, in der keine Küche mehr war. Ich schmunzelte beim Gedanken an den Herd, auf dem Harry und ich immer gekocht hatten, als er noch sein Zimmer in der Scheune gehabt hatte. Hans hatte den Herd falsch angeschlossen und es dauerte wirklich Jahre, bis wir darauf kamen, dass der Herd auf Stufe 1 so heiß wurde, wie er werden sollte, wenn man ihn auf Stufe 3 stellte, und das Essen auf Stufe 3 dafür nur vor sich hin köchelte, als hätte man Stufe 1 eingestellt. Jeder, der diesen Herd benutzte, einschließlich Hans selbst, kochte immer alles auf Stufe 2, denn die war schließlich am zuverlässigsten.

Ich ging weiter auf die Terrasse. Vor nicht einmal drei Wochen hatten wir hier gesessen, Melone gegessen und das schöne Sommerwetter genossen. Ella hatte für Kaia Melonensaft gemacht, den wir ihr aber verwehrten, weil wir der Meinung waren, dass es noch zu früh für Saft war. War ich zu streng zu Ella gewesen? Hätte ich ihr doch diese eine Freude gewährt.

Ich blickte nach oben und sah, was ich schon auf den Fotos gesehen hatte: Die Überdachung der Terrasse gab es nicht mehr. Vor meinem inneren Auge sah ich Hans und seine Söhne an der Außenwand der Scheune die Streben für die Überdachung befestigen. Ich sah, wie Franky fleißig sägte oder mir half, alte Nägel und Schrauben aus den Hölzern herauszuziehen, die zugesägt werden sollten. Diese Überdachung hatten wir gebaut, und nun war sie einfach weg.

Während ich die Stufen hinunter in den Garten ging, blickte ich nach rechts zum Brombeerbusch, aber alle Pflanzen waren nach links gewalzt. Mühsam versuchte ich, die Tränen in meinen Augen zurückzuhalten. Der Garten hatte für mich immer etwas Paradiesisches an sich gehabt. Im Sommer gab es an jeder Ecke Beeren oder Obst, die Sonne wärmte einen selbst an kühlen Herbsttagen bis in die Abendstunden, Nächte am Lagerfeuer unter Sternenhimmel waren das Beste, was ich mir vorstellen konnte, obwohl alles danach nach Rauch stank. Und bei Gewitter in eine Decke eingekuschelt unter dem Dach zu sitzen und mit Lichterketten- oder Kerzenbeleuchtung dem Regen zu lauschen, war für mich an Gemütlichkeit kaum zu übertreffen. Ich liebte diesen Garten. Ich fühlte mich in ihm wie zu Hause.

Während ich mir den Garten von früher vorstellte, dachte ich an einen Brief, den mir meine Mutter geschrieben hatte, als ich knapp drei Jahre alt gewesen war. Wir waren im Inbegriff gewesen umzuziehen und hatten das Haus und den liebevoll gestalteten Garten zurückgelassen. Meine Mutter schien kein Problem damit zu haben, das Haus zu verlassen, aber um den Garten tat es ihr leid. Vielleicht war ich auch deswegen gerade so emotional? Erinnerte mich der Verlust dieses Gartens an mein Heimweh von damals? Die Worte meiner Mutter hatten sich in meinen Kopf eingebrannt, nachdem ich den Brief unzählige Male gelesen hatte. »Ich habe mit dem Garten immer die Zukunft verbunden, die Hoffnung, die das Leben trägt«, flüsterte ich ihre Worte. Die Tränen begannen zu laufen und ich merkte, dass Harrys Onkel ein Stück hinter mir auch in meine Richtung ging. Ich ging weiter. Vorbei am Walnussbaum, den Hans als den perfekten

Schaukelbaum für Kaia auserkoren hatte. Noch Anfang des Monats hatten wir darüber gesprochen, dass die Schaukel im Dachboden der Scheune sich perfekt für Kaia machen würde. Ich ging durch das Loch in der Hecke, wo einmal das Gartentor gewesen war, überquerte den kleinen Weg und blickte zurück auf den Garten. »Aber ich weiß auch, dass jeder den wahren Garten immer und immer nur in seinem Herzen trägt. Du wirst ihn überallhin zaubern können«, sprach ich mir selbst den letzten Satz aus Mamas Brief zu. Damals wie heute war das mein Lichtblick.

Bevor ich die Bahnschienen in Richtung Ahr überschritt, blickte ich nach links und rechts, auch wenn ich ganz genau wusste, dass auf der kaputten Trasse keine Bahn fahren konnte. Hinter den Schienen ging es eine Böschung hinab in Richtung Ahr. Auf der rechten Seite zwischen Ahr und Schienen sah ich ein Auto stehen. Es stank. Ob nach Schlamm oder etwas anderem, konnte ich nicht ausmachen. »Wahrscheinlich ist es nur der Schlamm«, redete ich mir ein und machte dennoch einen großen Bogen darum. Ich wollte heute keine tote Person aus einem Auto bergen. Auch wenn mit ziemlicher Sicherheit niemand mehr darin war.

Mit Erstaunen stellte ich fest, wie nah die Ahr am Haus war. Dadurch, dass die Schienen höher lagen und man die Ahr dahinter, zusätzlich verdeckt durch Bäume, vorher nie direkt sehen konnte und bei normalem Bahnverkehr den kleinen Weg an den Bahnschienen entlang über die Heppinger Brücke gehen musste, um zur Ahr zur gelangen, war das Entfernungsempfinden trügerisch. In meiner Erinnerung war die Ahr mehrere Hundert Meter vom Haus oder gar vom Garten entfernt gewesen. Doch jetzt schätzte ich den Abstand bis zum Gartentor auf weniger als 50 Meter und von da vielleicht noch einmal 50 Meter bis zur Scheune.

Da stand ich nun, am Ufer der Ahr. Am Ufer eines immer noch dreckigen, aber ungefährlich wirkenden Flusslaufs. Der Pegel war so weit zurückgegangen, dass ich mir wirklich nicht vorstellen konnte, wie dieser kleine Fluss eine solche Verwüstung hatte anrichten können. An einem normalen Sommertag war es nicht unüblich, dass das Flussbett nur wenige Zentimeter mit Wasser bedeckt war. An diesem Tag war der Wasserstand mit etwas über einem Meter also dennoch höher als gewöhnlich. Ich erinnerte mich an das Hochwasser im Jahr 2016, als man das Gefühl hatte, auf dem Weg neben der Ahr auf Höhe des Flusses zu gehen. Damals wurde der Höchststand bei ungefähr 3,70 Metern erreicht. Ich schüttelte den Kopf und blickte nach oben. »Der Ahrpegel bei 10 Metern. Wie geht das?«, fragte ich mich und blickte im selben Moment vor mir auf den matschigen Boden. Im Schlamm zu meinen Füßen steckten zwei große Holzpfähle und beim näheren Herangehen bemerkte ich, dass es dieselben waren, die wir zum Bau der Terrassenüberdachung benutzt hatten. Die Holzpfähle, die wie Zahnstocher aus ihrer Verankerung gerissen worden waren. Ein Blatt fiel vom Baum über mir und segelte langsam auf der Ahr davon. Ich schüttelte den Kopf. Unvorstellbar. Ich ließ meinen Blick ans andere Ufer schweifen. Der Fahrradweg an der meterhohen Mauer zur Bundesstraße war weggebrochen und unpassierbar. Ich drehte mich um. »Auf der einen Seite die Mauer, auf der anderen die Schienen als eine Art Damm. Kein Wunder, dass das Wasser in dieser Wucht scheinbar so plötzlich kam. Die Mauer machte es unmöglich für die Ahr, in die eine Richtung zu entweichen«, dachte ich, während ich beobachtete, wie Harrys Onkel kopfschüttelnd an den Schienen entlangging. Wie wohl die anderen Wege aussahen? Die sechs Kilometer zwischen meinem und Harrys Elternhaus würden zu Fuß gerade wohl eine Ewigkeit in Anspruch nehmen, so ganz ohne Brücken.

Als ich zurück im Hof war, unterhielt ich mich mit Ellas Schwester, die in der letzten Woche scheinbar mit einigen Nachbarn gesprochen hatte, die aus unterschiedlichen Winkeln etwas gehört oder gesehen hatten. Sie berichtete, dass sich keiner an Eltern und Sohn erinnern könne, sondern dass immer nur die Rede von einem Mann und einer Frau sei, von welchen der Mann zuerst weggetrieben worden sei. »Aber Franky hat das Video geschickt. Er war hier«, sagte sie. »Kannst du mir das Video zeigen?«, fragte ich sie. »Ich war da ja gar nicht in der Gruppe.«

Sie scrollte auf ihrem Handy herum und zeigte mir schließlich ein kurzes Video, auf dem Ella und Franky auf der Terrasse standen, man das Rauschen von Wasser hörte und eine dreckige Brühe im Garten stehen sah. »Ob das schon die Ahr war?«, fragte ich mich und dachte an die Schienen als Damm. »Dann muss es ja schon übergelaufen sein.«

»Wann hat er das geschickt?«, fragte ich sie. »Um kurz nach Mitternacht«, antwortete sie. »Aber die Nachbarn sagen, dass es um ungefähr 1 Uhr eine richtige Flutwelle gab.«

Ich schluckte. Das passte auch zu dem, was der Nachbar im Interview mit Spiegel TV gesagt hatte: 1 Uhr. Es fühlte sich an, als würden sich in meinem Kopf ein paar Puzzleteile in das Bild einfügen. Und dennoch blieben da einige Fragen unbeantwortet: Was war mit Franky passiert? Hatten sie Schmerzen gehabt? Wo hatten sie hingehen wollen? Und warum waren sie nicht einfach im Haus geblieben?

Ich dachte an die Träume über Ella und Hans. *Frieden*. Aber was war mit Franky?

Gerade als wir auf dem Weg zum Auto waren, öffnete Harry Twitch, denn ein Kanal, den Franky mit seinen Freunden regelmäßig verfolgt hatte, streamte gerade. Harrys Cousin hatte angekündigt, dass ein Song von Franky dort gespielt werden sollte. Wir stellten uns alle um ihn herum und hörten, was die beiden Männer hinter dem DJ-Pult erzählten. Sie berichteten von einem jungen

Mann, der Musik produzierte und mit seiner Familie durch die Flut in Deutschland ums Leben gekommen war. Er hatte sich Frankys Songs auf Spotify angehört und erkannte an seinem Künstlernamen »Bouchedag«, dass er ein aktiver Zuschauer der Streams war. Zu Frankys Ehren hatte er eine Akustik-Version seines Songs »Hold Your Hand« produziert, der bereits im Hintergrund als Intro lief. Stolz und Trauer mischten sich in mir. »Er wäre so stolz. Er sollte jetzt hier sein«, dachte ich. Da lief einfach Frankys Song. In dem er singt. Nur eine Textzeile: »If it means I can hold Your hand.«[6] – Wenn das bedeutet, dass ich deine Hand halten kann …

Ich hatte das Lied so oft gehört und dennoch dachte ich das erste Mal wirklich über den Text nach. »Wenn das bedeutet, dass ich deine Hand halten kann …« Ja, was dann? Und wessen Hand hatte er damit gemeint?

Er hatte einmal erzählt, dass ihm diese Textzeile und Melodie aus dem Nichts bei der Arbeit eingefallen war und dass ihm an dem Tag auch die Idee kam, im Intro des Songs Wassergeräusche einzubauen. In Frankys Original hört man die ersten Sekunden Regen und Wellenrauschen. *Vorbereitet*?

»Wenn es bedeutet, dass ich deine Hand halten kann, wenn du mich hältst, Gott, dann ist auch das für mich in Ordnung«, ergänzte ich in Gedanken. So ein Halbsatz lässt ja genügend Interpretationsspielraum. »Auch wenn dich keiner gesehen hat, Franky. Ich weiß, du bist in der Ewigkeit«, dachte ich. Und zum ersten Mal merkte ich, dass beim Gedanken an ihn meine Unruhe verschwunden war. *Freiheit. Frieden.*

Kapitel 9

»In Ahrweiler soll es heute Nachmittag noch mal heftig regnen und auch stürmen. Ich fahre gleich zum Haus, stelle alle Sachen unter und sichere die losen Sachen«, eröffnete mir Harry samstagmorgens.

»Ist gut«, wollte ich antworten. Aber stattdessen sagte ich: »Ich habe ziemlich Migräne. Kann das heute niemand anders übernehmen?« Ich fühlte mich wie nach einer durchzechten Partynacht. Mein Kopf dröhnte. Alles war zu laut und zu hell. Bunte Farben kreisten vor meinen Augen. Mein Körper antwortete auf besondere Stresssituationen mit Migräne, und ich schämte mich dafür, dass ich nach einem Nachmittag in Heppingen, an dem ich körperlich nichts geleistet hatte, so reagierte. Dass mein Körper mir signalisierte: »Das war ganz schön stressig. Du brauchst eine Pause.« Während Harry die letzten acht Tage ohne einen Tag Pause und trotz Impfung durchgearbeitet hatte.

»Dann leg dich noch mal hin«, sagte Harry. »Ich kümmere mich um Kaia. Eine Pause tut mir heute vielleicht auch mal gut.« Dankbar nahm ich sein Angebot an und kroch erst am späten Nachmittag wieder aus dem Bett.

Am nächsten Morgen machte sich Harry früher als sonst auf den Weg. Er hatte einen Termin mit dem zuständigen Kriminalkommissar bei der Kriminalpolizei in Neuwied, um weitere Merkmale von Hans, Ella und Franky aufzunehmen. Seine Halbbrüder begleiteten ihn und ich war dankbar, dass er nicht allein dorthin fuhr. »Sagt die Polizei einem vorher Bescheid, wenn man jemanden identifizieren muss?«, fragte mich die Angst in mir. Meine Gedanken sprangen zurück an den Tag, an dem meine Oma gestorben war. Wenige Stunden nach ihrem Tod hatten wir kurz noch einmal in ihr Zimmer gehen dürfen, in dem sie noch im Bett gelegen hatte. Sie sah aus, als würde sie schlafen, aber als ich ihre Hand berührte, merkte ich, wie kalt sie war. Und mir wurde bewusst: Das war nicht mehr meine Oma, sondern nur noch ihre äußere Hülle. Wie musste es sich anfühlen, wenn ein Mensch nach seinem Tod nicht mehr so aussah, wie man ihn kannte? Ich dachte an Ellas Testament und ihren Wunsch, dass wir sie so in Erinnerung behalten sollten, wie wir sie gekannt hatten. Was, wenn Harry dort jemanden identifizieren sollte?

Inbrünstig betete ich, dass ihm das erspart bliebe.

Als meine Freundin aus München Kaia und mich abholte, um gemeinsam mit einer weiteren Freundin diesen schönen Sommertag in Köln zu verbringen, war das für mich eine willkommene Ablenkung. Mein Handy hatte ich nur in der Hand, um Fotos zu machen, aber dennoch war ich so in Habt-Acht-Stellung, dass ich förmlich zusammenzuckte, als Harrys Name auf meinem Display aufleuchtete: »Weißt du das Hochzeitsdatum?« Puh. Ich atmete auf. Also wurde wohl noch niemand identifiziert. »Von deinen Eltern? 10. 07. 1987«, antwortete ich direkt.

Als wir abends wieder alle zu Hause waren, erzählte Harry, dass sie etliche Fragen beantwortet, alle gesammelten Gegenstände wie Zahnbürste, Kamm und Rasierer aus dem Haus abgegeben und sich schließlich selbst noch einem Speichelabstrich unterzogen hätten, damit anhand der DNA eine Identifizierung stattfinden könne. »Danke«, sagte ich still. Was für eine Gebetserhörung. Harry würde die drei nicht identifizieren müssen.

»Wenn uns noch irgendetwas einfällt, was bei der Identifizierung helfen könnte, dann sollen wir anrufen«, sagte Harry und platzierte einen Zettel mit den Vermisstennummern und Namen und Durchwahl des Kriminalkommissars auf seinem Schreibtisch, während er sich setzte und seinen Computer einschaltete.

Eine Weile saß er ganz ruhig da, tippte, überlegte und tippte erneut, bis sich sein konzentriertes Gesicht aufhellte. »Nice«, sagte er nur. »Was?«, fragte ich. »Ich konnte mich mit Frankys Account anmelden und habe jetzt alle Mails, Notizen und Fotos und so«, antwortete Harry, schon vertieft in das, was sich ihm da offenbarte.

Ich setzte mich zu ihm und schaute auf seinen Bildschirm. »Da sind ja noch Fotos vom 15. Juli. Ich dachte, da gab es schon kein Internet mehr«, stellte ich verdutzt fest. »Wahrscheinlich war das Netz generell nicht so gut und der Upload hat länger gedauert, aber zumindest wurde noch was in der Cloud gesichert«, vermutete Harry und klickte auf die Informationen der letzten Bild- und Videodateien.

»Mittwoch, 14. 07. 2021, 23:41 Uhr«, stand in den Medieninformationen des ersten Videos. Darauf zu sehen und zu hören waren Ella und Franky. Franky filmte mit Blitz in den Garten und man sah eine große braune Wasserpfütze im Garten an der Terrasse, auf der die beiden standen. Man hörte, wie Ella zu Franky sagte: »Film mal da.« Aber die Kamera konnte aufgrund der Dunkelheit nur die nächste Umgebung einfangen. Weiter hinten war es stockduster. Ich dachte an meinen Gang durch den Garten über die Schienen zur Ahr hinab. »Ob da schon Wasser über die Bahnschienen lief, und wenn ja, haben sie es gesehen?«, fragte ich mich wieder. Aber da war noch ein späteres Video. Donnerstag, 15. 07. 2021 0:11 Uhr. Das Video, das Franky in der Familiengruppe geteilt hatte. Diesmal sah und hörte man Ella nicht. War Franky vielleicht doch allein im hinteren Bereich des Gartens und ihm war vom Wasser der Weg nach vorne abgeschnitten worden? Das würde zumindest erklären, warum ihn niemand gesehen hatte.

Im Video sah man, dass das Wasser jetzt schon im gesamten Garten, bis hin zu den Treppen der Terrasse stand. Dennoch sah es noch nicht bedrohlich aus. Ich fragte mich, wie schnell dieser Wasserstand wohl angestiegen war. Ob sie zu diesem Zeitpunkt damit angefangen hatten, Dinge ins Obergeschoss zu bringen. Ob sie vielleicht nun Hans geweckt hatten, sollte er geschlafen haben. Hatten sie gesehen, dass die Ahr über die Bahntrasse lief? 0:11 Uhr. Von da an waren es noch ungefähr 50 Minuten bis laut Angaben der Nachbarn eine Flutwelle über Heppingen rollte. Ob sie da schon realisiert hatten, was passieren könnte? Kopfschüttelnd antwortete ich mir selbst: »Vermutlich nicht. Sonst wären sie sicher schon weggefahren oder auf die Landskrone gegangen.«

Es fühlte sich so seltsam an, diese Videos anzuschauen und nichts weiter zu wissen. Ich stellte mir vor, wie Franky neben uns saß und erzählte, was passiert sei und was er gedacht habe, so, wie wir ihm immer die Fotos unserer Reisen zeigten. Ich blickte zur Seite und merkte, dass er nicht da war. Alle Fragen würden unbeantwortet bleiben. Es würde keine Erklärung geben.

Manchmal wünschte ich mir bewusste letzte Worte der drei. Einen Zettel, eine SMS, irgendetwas. Und wenn es nur ein Ruf an einen Nachbarn gewesen wäre: »Sag Harry, wir haben ihn lieb.« Ob es das einfacher machen würde? Vielleicht. Oder zumindest hätte es für mich in diesem Moment mehr das Gefühl von Abschluss gehabt. Gleichzeitig merkte ich, wie egoistisch dieser Wunsch war. Sie hatten in dieser Nacht um ihr Leben gekämpft, sich festgehalten, versucht, sich zu retten. Wer war ich, an jemanden in einer solchen Situation noch Anforderungen zu stellen?

»In seinen Notizen sind noch Passwörter. Vielleicht kann ich damit auch gucken, dass seine Musik auf Spotify bleibt«, sagte Harry. »Seine Musik«, dachte ich. »If it means I can hold your hand … Irgendwie ist es ja auch ein Vermächtnis. Vielleicht sogar besser als letzte Worte.«

Harrys erster Gang am Montag war der zum Arzt, um sich auch weiterhin krankschreiben zu lassen und am Haus zu arbeiten. Er kam zurück mit den Worten: »Ich bin diese Woche noch mal krankgeschrieben. Der Arzt meinte, danach muss ich irgendwie klarkommen. Er wird mich nicht noch mal krankschreiben.« Wieder kroch die Wut in meinen Bauch. Ja, Harry hatte keine sichtbare Verletzung. Trauer, Hilflosigkeit, Überforderung – all das zeigt sich nicht immer nach außen. Aber was für ein Arzt handelte in einer solchen Notlage, in solch einer Ausnahmesituation so gefühlskalt? Ich schüttelte den Kopf.

Während Harry die Tage am Haus verbrachte, aktualisierte ich gefühlt stündlich die offizielle Seite des Landes Rheinland-Pfalz, wo die Vermisstenzahlen denen der gefundenen und davon bereits identifizierten Personen gegenübergestellt wurden. Es wurden noch immer Menschen geborgen, es waren noch immer nicht alle gefunden. Jeden Tag rechnete ich mit einem Anruf von Harry, dass sie gefunden und identifiziert worden waren.

Doch das Telefon blieb still und ich erhielt, während Harry in Heppingen war, auch kaum eine Nachricht von ihm. In der Gruppe mit seinen Halbbrüdern sah ich stattdessen, dass weiterhin Pakete ankamen, unter anderem ein Geburtstagsgeschenk, das Franky für seinen besten Freund bestellt hatte. »So was wie letzte Worte. Eine letzte Geste der Freundschaft«, dachte ich.

Einen ganzen Nachmittag verbrachte ich damit, mithilfe meines Vaters alle Unterlagen von Ella, Hans und Franky durchzusehen, zu sortieren und aufzuschreiben, was wichtig sein könnte: Vertragsnummern, laufende Kosten, Versicherungen. Harry hatte keine

Vollmachten, aber immerhin hatten Hans und Ella ihre Kontoauszüge ausgedruckt und abgeheftet, sodass wir zumindest einsehen konnten, welche Zahlungen wiederkehrend waren.

Beim Durchgehen des Versicherungsordners stockte ich. Auf einem Schreiben stand groß: »Der nächste Starkregen kommt bestimmt. Sichern Sie sich jetzt ab.« Darunter stand, was alles inkludiert sein sollte. »Starkregen, Überflutungen, Hochwasser«, las ich. Dieses Schreiben, in einer Klarsichtfolie, fein säuberlich abgeheftet. »Ob eine Elementarschadenversicherung für Haus und Hausrat in ihrer Lage direkt an der Ahr vielleicht nicht möglich oder zu teuer war?«, fragte ich mich. Denn tatsächlich fanden wir in all den Versicherungsunterlagen zwar eine Hausrats- und auch eine Gebäudeschutzversicherung, aber beides war mit Ausschluss von Elementarschäden versichert. Außerdem fand ich einen Arztbrief von Ellas Zahnarzt, in dem eine Info stand, von der ich dachte, sie könne der Polizei zur Identifizierung nützlich sein. Ich griff mir den Zettel auf Harrys Schreibtisch und informierte den zuständigen Kriminalkommissar darüber.

Zwischen all den Ordnern, die wir uns anschauten, fand ich ein Freundebuch von Harry, das er aus Heppingen mitgebracht hatte. Auch seine Eltern hatten jeweils eine Seite ausgefüllt. Ganz unten las ich die Frage: »Was möchtest du werden, wenn du groß bist?«

Bei Hans stand darunter »Rentner«, und ich schmunzelte. Ja, sein Rentnerleben hatte er geliebt, auch wenn es ihm mit Haus und Garten und ein paar Hausmeistertätigkeiten in der Gemeinde nie langweilig wurde. Ich blätterte um und las, was Ella mit einem bunten Glitzerstift geschrieben hatte: »Eine gute Schwiegermutter und Oma.« Meine Augen füllten sich mit Tränen. »Das warst du, Ella.«

Aber war ich auch eine gute Schwiegertochter gewesen? Sie hatte viel zu wenig Gelegenheit gehabt, eine Oma zu sein.

Und wieder kam die Trauer in mir hoch. Trauer über die Zukunft, die sie nicht mit uns teilen würden. Sie würden Kaia niemals als Kleinkind erleben, niemals ihre ersten Worte hören. Der Kloß in meinem Hals wurde immer größer, bis ich schließlich den Tränen ihren Lauf ließ.

Die Tage, die ich nicht über Dokumenten saß, freute ich mich auch über Besuch von Freundinnen, sei es, um mit Kaia einen Spaziergang zu machen, damit ich Telefonate oder Ähnliches erledigen konnte, oder auch einfach nur, um Zeit zusammen zu verbringen und mich damit von den Vermisstenzahlen und dem Warten auf einen Anruf abzulenken.

An den Abenden berichtete Harry meistens kurz vom Tag, bevor wir dann gemeinsam unzählige Videos zur Flut anschauten: Versuche, all das zu erklären, Augenzeugenberichte, Videos von Betroffenen und Helfern, Berichterstattungen verschiedener Medienhäuser. Ich hatte den Eindruck, es half uns dabei, mehr zu verstehen, was da eigentlich passiert war. All die Fragen, die in unserem individuellen Fall nicht zu beantworten waren, konnten uns auch die anderen Betroffenen nicht beantworten, aber oft waren es ganz ähnliche Punkte, mit denen sie zu kämpfen hatten. Und es tat gut zu wissen, dass wir nicht allein waren.

Mittwochs schrieb mir Harry: »Meine Halbbrüder meinen, ich soll mal einen Tag Pause machen. Fahren wir dann morgen nach Holland?« Harrys Onkel machte mit seiner Familie gerade eine Woche Urlaub in einem kleinen Haus direkt am Strand und hatte uns angeboten, sie zu besuchen, wenn wir Abstand brauchten. Auch wenn es letztlich mit Fahrzeit nur ein halber Tag am Meer war, entschieden wir uns zu fahren.

Wie unglaublich gut es tat, mal etwas ganz anderes zu sehen und zu riechen. Meerluft hatte für mich schon immer etwas Befreiendes, Reinigendes, aber an diesem Tag noch so viel mehr. Da waren weder Dreck noch Dokumente, nur Sand, Wind, Meer und Sonne. Und vor allem: Harry, Kaia und ich waren als Familie zusammen. Gleichzeitig waren da diese Gedanken: Dürfen wir jetzt wegfahren? Was macht das für einen Eindruck bei anderen? Bei denen, die am Haus unermüdlich weiterarbeiten? Oder müssen wir vielleicht sogar gerade jetzt wegfahren? Eine Pause machen, neue Kraft tanken? Und sehen, dass da immer noch mehr ist als die Situation, in der wir gerade sind? Dass da mehr ist als das Warten auf schlechte Nachrichten, dass da immer noch so viel Schönheit ist, so viel Freude, so viel Leben, so viel Hoffnung. All diese positiven Gefühle und diesen Kontrast konnten wir auf der kurzen Reise noch viel stärker wahrnehmen und aufsaugen. Auch wenn man uns allen – Harry, seinem Onkel, seiner Tante und auch mir – ansah, dass die letzten zwei Wochen zehrend gewesen waren und uns für immer verändert hatten, hatte ich, als die Sonne im Meer versank und den Himmel in den schönsten Farben tränkte, all das für einen kurzen Augenblick vergessen.

Beim Umblättern des Kalenderblatts von Juli zu August stellte ich fest, dass der Juli der einzige Monat war, dem ich beim Erstellen des Kalenders Ende des letzten Jahres keine Textzeile gewidmet hatte. Ein Monat, für den ich keine Worte hatte.

Und für August stand da: »Not to spoil the ending for you, but everything is going to be okay« – übersetzt heißt das ungefähr: Ohne dir das Ende vorwegzunehmen, aber alles wird gut.

August. Ein neuer Monat, ein kleiner Neuanfang.

Den ersten Montag im August nahm sich Harry noch frei, denn eine weitere Krankschreibung würde er ja nicht mehr bekommen und das Bauamt hatte sich für den Tag in Heppingen angekündigt. Ich hoffte, dass die Entscheidung des Bauamts uns Erleichterung bringen würde, doch gegen Mittag schrieb Harry: »Das Bauamt war eben schon hier und ist, inklusive externem Statiker, der Meinung, dass das Haus statisch völlig stabil ist. Wir können also nur auf eigene Kosten alles abreißen. Ist dann nur die Frage, ob das überhaupt möglich ist wegen der angrenzenden Doppelhaushälfte.«

Als ich später meinem Vater davon berichtete und mich laut fragte, wie das denn sein könne, dass zwei unterschiedliche Gutachter so unterschiedliche Einschätzungen zu demselben Objekt abgeben konnten, antwortete er: »Das wird vermutlich auch eine Kostenfrage sein. Wenn das Bauamt entscheidet, ein Gebäude abzureißen, dann geht das ja auf Kosten des Kreises. Die werden da sicherlich nur in den wirklich offensichtlichen Fällen positiv entscheiden, um die Kosten gering zu halten.«

So hatte ich es noch nie betrachtet, aber es erschien mir schlüssig, wenn man bedachte, wie viele Häuser im Ahrtal betroffen waren. Würde man all diese Gebäude abreißen, wären die Kosten immens.

Dienstags kehrte das erste Mal eine Art Normalität bei uns ein, denn Harry arbeitete wieder. Nicht weil er musste, sondern weil er wollte. Meine Mutter hatte Harry am Vortag noch den Kontakt eines Arztes weitergeleitet, der Harry auch weiterhin krankgeschrieben hätte, aber er wollte wieder arbeiten. Es war schön, Harry vor sich hin summend am Computer sitzen und in seinen Pausen mit Kaia scherzend zu sehen. Und für mich fühlte es sich so an, als könnte ich das erste Mal seit Wochen wirklich aufatmen. Ich war erleichtert darüber, dass er unter der Last der letzten Wochen – emotional und körperlich – nicht zusammengebrochen war, dass er selbst erkannte und sagte, wie behütet und gestärkt er in all der Zeit war und wie viel Zuspruch und Frieden er spürte. Mir war bewusst, dass noch ein Weg vor uns lag, schließlich hatten wir immer noch keine Gewissheit. Wir warteten darauf, dass uns jemand anrief und sagte: »Wir haben sie gefunden.« Und gleichzeitig versuchten wir schon Dinge vorab zu klären. Wie beispielsweise, ob es in unserem Fall vielleicht sogar sinnvoll wäre, eine Abwesenheitspflegschaft zu beantragen, die jemanden dazu berechtigte, Dinge in der Abwesenheit einer anderen Person zu erledigen. Insbesondere bei Bank- und Finanzierungsangelegenheiten hielten wir es für vernünftig, diese zeitnah zu erledigen, was ohne Vollmacht oder feststehendes Erbe allerdings nicht machbar war.

Am Mittwoch – fast drei Wochen nach der Flut – konnte ich endlich jemanden bei dem Amtsgericht erreichen, das die Vertretung für Ahrweiler übernommen hatte, denn auch das Gerichtsgebäude war von der Überschwemmung betroffen und somit nicht erreichbar. Da Harry ein Meeting hatte, telefonierte ich mit Kaia auf dem Arm im Flur. Die Dame am anderen Ende des Hörers erklärte mir, dass eine Abwesenheitspflegschaft erst nach drei Monaten beantragt werden könne. Es könne ja immer noch sein, dass sich der Vermisste auf eine schöne, sonnige Insel abgesetzt hatte. »Ja, sicher«, dachte ich. »Es gab eine Flut, Menschen wurden weggetrieben. Aber sie könnten ja auch einfach ohne ein Wort in ein schönes Urlaubsland verschwunden sein.« Noch bevor ich mich in meine Wut reinsteigern konnte, klingelte es. Ich öffnete über den Fernsprecher die Haustür – sicherlich war es die Post –, beendete das Telefonat und öffnete die Wohnungstür. Ich sah einen Mann und eine Frau heraufkommen, die mir noch auf der Treppe ihre Ausweise entgegenstreckten. »Kriminalpolizei Bonn«, sagte der Mann. »Sie können sich vermutlich denken, warum wir hier sind.« Ich nickte. »Ja, kommen Sie rein. Mein Mann ist gerade noch in einem

Meeting. Ich sage ihm Bescheid«, antwortete ich und parkte den überraschenden Besuch im Flur, während ich vorsichtig die Wohnzimmertür öffnete. Harry legte gerade sein Headset zur Seite. »Die Kripo ist da«, sagte ich nur.

Nur um sicherzugehen, dass das kein Traum war, kniff ich mir in die Hand, mit der ich Kaia umklammerte. Ich kam mir vor wie in einem Film, nichts fühlte sich real an. Mein Gehirn schaltete in einen Sparmodus. Während sich Kaia an ihrer Spielzeugkiste zu schaffen machte, nahmen die beiden in zivil gekleideten Beamten gegenüber von uns am Tisch Platz und beobachteten jeden unserer Ausdrücke, als der Polizist ein Blatt auf den Tisch legte und sagte: »Es wurden zwei Personen identifiziert.«

»Zwei?«, hörte ich Harry fragen.

»Ihre Eltern«, antwortete der Kriminalbeamte.

»Aber wir vermissen ja eigentlich drei Personen«, hakte Harry nach. Franky konnte doch nicht einfach weg sein. Niemand hatte ihn gesehen, er war nicht gefunden und nicht identifiziert worden. Der Polizist erklärte, man finde noch immer Menschen, und bei einigen sei es schwerer, sie zu identifizieren. Es könne also gut sein, dass sie in den nächsten Tagen noch einmal wegen Franky zu uns kämen.

Teilnahmsvoll verlas er die Informationen, die er auf seinem Blatt finden konnte. »Funddatum war der 27.07. in Lohrsdorf zwischen einem Spielplatz und der Ahr«, sagte er. Ich schluckte. Ich wusste genau, wo das war, und stellte mir vor, wie sie Hand in Hand dorthin gespült worden waren. Zwölf Tage hatte es gedauert, bis sie gefunden worden waren. Harry hatte schon zwei Tage vor dem Fund seine DNA abgegeben. Wer hatte sie wohl entdeckt? Wie muss es für denjenigen gewesen sein? Hoffentlich war es kein Kind gewesen, das zum Spielplatz gewollt hatte. Die ganze Zeit hatte ich versucht, Harry davor zu beschützen, jemanden zu finden. Nie hatte ich mir Gedanken darüber gemacht, wie es für diejenigen sein musste, die tatsächlich Menschen bargen. Niemals würde ich mit jemandem tauschen, der leblose Körper aus dem Wasser fischen musste. Wie war es wohl für die Hilfskräfte, egal, ob beruflich oder ehrenamtlich, Leichen bergen zu müssen? Oder auch für die Menschen, die zufällig vor Ort waren und nicht helfen konnten, die Dinge hörten und Dinge sahen, die sie ihr Leben lang mit sich tragen würden? Unwillkürlich kam mir der Nachbar von Harrys Eltern in den Sinn. Wir sollten ihm als einem der Ersten Bescheid geben, dass es nun Gewissheit gab.

Bevor der Kriminalbeamte das Dokument, auf dem alle Informationen standen, wieder einpackte, durften wir uns noch das Aktenzeichen aufschreiben, mit dem wir bei der Polizei in Koblenz den aktuellen Stand und das weitere Vorgehen erfragen konnten. »All die kaputten Dinge sind am Ende nur Müll und die Menschen werden zu anonymen Nummern«, dachte ich.

Die Gewissheit nach fast drei Wochen Ungewissheit, nach Hoffen und Bangen, fühlte sich so anders an, als ich es mir vorgestellt hatte. So kalt, so fern. Und dennoch so erschlagend.

Wir verabschiedeten die Beamten, schlossen die Tür und brachen dann in den Armen des anderen in Tränen aus. Ich hielt Harry – während Kaia auf meinem Arm uns verdutzt anschaute – so fest ich konnte, und er hielt mich. Als wir keine Tränen mehr hatten, lösten wir uns langsam und überlegten, was zu tun war. Harry rief zuerst einen seiner Halbbrüder an, während ich die Nummer meiner Eltern wählte. Als meine Mutter abhob, sagte ich nur ohne Einleitung: »Die Kripo war eben da. Zwei Leichen wurden identifiziert.« »Wer?«, fragte meine Mutter. Ich vergaß zu atmen, bekam keine Luft mehr. Tränen bahnten sich ihren Weg über mein Gesicht. Ich konnte nicht antworten. »Vivi, wer?«, fragte meine Mutter wieder. Es dauerte einen Moment, bis ich schluchzend sagen konnte: »Ella und Hans.« Und dann hörte ich auch Weinen am anderen Ende der Leitung. Als ich aufgelegt hatte, hörte ich Harry noch telefonieren: »Mich zieht's zum Haus.« Und nach einigen Sekunden Stille: »Dann treffen wir uns nachher dort und besprechen, wie wir weiter vorgehen.«

Harry rief außerdem noch seinen Onkel an und fragte ihn, ob er die neue Information in geeigneter Weise an seine Geschwister und Eltern kommunizieren könne, während ich ein paar Sachen zusammensuchte, damit wir uns über Kaias Mittagsschlafzeit auf den Weg nach Heppingen machen konnten.

Weil Kaia schon kurz nach unserem Start in Bonn eingeschlafen war, fuhren wir einen etwas längeren Weg durch verschiedene kleine Dörfer und schließlich in Esch nach unten ins Ahrtal. Es war das erste Mal nach der Flut, dass wir durch Dernau und Marienthal fuhren. Die Orte, aus denen ich schon am 14. Juli Videos erhalten hatte. Nun war es schon der 4. August. Die Straße, die zwischen Ahr und der ersten Reihe Häuser entlangführte, war teilweise nur provisorisch wieder aufgeschüttet. Zur linken Seite sahen wir ein kaputtes Haus nach dem anderen. Es gab Versorgungszelte mit Essensausgaben, ausgewiesene Informationspunkte, überall Helfer, teilweise mit schwerem Gerät. Es war laut, staubig und stank – immer noch –, während auf unserer rechten Seite die Ahr ganz unschuldig vor sich hin plätscherte. Früher war so ein Rinnsal im Sommer ein ganz normaler Anblick, aber ich glaube, ich werde mich niemals wieder an das Bild einer friedlichen Ahr gewöhnen.

Wir blieben nur etwa eine Stunde am Haus, standen in der Sonne auf der Terrasse und leisteten uns gegenseitig Gesellschaft. Harrys Halbbrüder, deren Frauen und wir drei. Wir besprachen die nächsten Schritte, wer die Geschwister von Hans informieren würde und welche Informationen wir noch brauchten, um einen Bestatter zu kontaktieren.

Als am späten Abend in Harrys Familiengruppe Herzen als Zeichen der Anteilnahme versendet wurden, wussten wir, dass auch die Geschwister und Eltern von Ella Bescheid wussten.

Kapitel 10

Für den Rest der Woche hatte sich Harry wieder frei genommen. Der Besuch der Kriminalpolizei hatte uns mit mehr Fragen als Antworten zurückgelassen, denn wir wussten, weder wie es jetzt weiterging noch wo die Leichen waren. Wie schnell müsste eine Beerdigung stattfinden? Was müssten wir dafür alles organisieren? Und wie plante man eine Beerdigung für drei Personen? Oder besser gesagt: für zwei Personen und einen Vermissten? Vielleicht könnte man ja die Beerdigung so lange verschieben, dass alle drei gefunden und identifiziert wären und damit gemeinsam beerdigt werden könnten? Oder müssten wir zwei separate Beerdigungen planen?

Nach einem Anruf bei der Polizei in Koblenz stellte sich heraus, dass zwar die Identifizierung abgeschlossen war, aber die Staatsanwaltschaft die Leichen noch freigeben musste. Was auch immer das hieß. Harrys Halbbruder hatte Kontakt zu einem Bestatter und bot sich an, ihn zurate zu ziehen und mit ihm zu besprechen, was das für uns bedeutete und welche Schritte er für uns übernehmen konnte. Der Termin sollte am Samstag stattfinden.

Freitags rief Harry noch einmal bei der Polizei an, weil er noch eine Kleinigkeit in Erfahrung bringen wollte, und bekam dabei mitgeteilt, dass das Aktenzeichen nur für seinen Vater gelte. Seine Mutter habe ein eigenes Aktenzeichen. Harry stellte das Telefon auf laut, damit er parallel das Aktenzeichen mitschreiben konnte. Der freundliche Beamte am anderen Ende des Hörers diktierte langsam und mit sehr deutlicher Aussprache, und als Harry das Aktenzeichen bestätigt hatte, fragte er nach: »Brauchen Sie auch noch den Fundort und das Funddatum?«

Harry sah mich irritiert an und fragte dann: »Ist das denn anders als bei meinem Vater?«

»Ja«, antwortete der Polizist. »Ihre Mutter wurde am 1. August in Remagen gefunden.«

Vor meinem inneren Auge verpuffte die Vorstellung von Ella und Hans, die sich aneinander festhielten, als sie weggespült wurden. Mein Kopf begann zu rattern. Hans war zwölf Tage nach der Flutkatastrophe im Nachbarort gefunden worden, Ella nach … Ich rechnete. Nach 17 Tagen. »In Remagen. War sie schon im Rhein?«, fragte ich Harry, der gerade aufgelegt hatte, völlig ungefiltert. Den Rest des Telefonats hatte ich komplett ausgeblendet, so sehr war ich in Gedanken gewesen.

»Ich weiß es nicht. Ist Kripp auch Remagen? Könnte die Ahrmündung sein oder eben schon am Rhein«, entgegnete er und wir schauten uns einfach nur stumm an. Ich fragte mich, ob es uns half, all das zu wissen oder ob es nicht einfacher wäre, uns so wenig wie möglich über ihre letzten Minuten und Stunden auszumalen. Ich hoffte nur, dass sie von dieser Reise nichts mehr mitbekommen hatten, und schloss die Augen. »Ist das irgendwie ein komischer Test?«, fragte ich Gott stumm. »Je mehr wir wissen, desto schrecklicher wird das Bild, das sich uns offenbart.« In mir breitete sich Unruhe aus, gemischt mit Wut, gemischt mit Trauer. Sie waren doch gute Menschen, warum sie? Warum?

Mitten in meinen Gefühlsstrudel legte Harry seine Hand auf meine Schulter. Er blickte mir tief in die Augen und sagte mit einer Bestimmtheit und Ruhe in seiner Stimme, die selbst mich überraschte: »Von dem Weg zum Fundort haben sie nichts mehr mitbekommen. Da waren sie schon im Himmel.«

Am Samstag fuhr Harry wieder zum Haus, denn einige Helfer hatten sich gemeldet, um beim Abstemmen der Wände zu helfen, damit diese besser trocknen konnten. Ich war während dieser Zeit bei meinen Eltern, die mittlerweile wieder in ihrem Haus wohnten, wenn auch mit einigen Einschränkungen. Immerhin konnten sie wieder Strom und Brauchwasser nutzen.

Die Gemeinde einer befreundeten Familie, deren Pastor ich kannte, gewährte Soforthilfen für Privathaushalte und wir wurden mittlerweile mehrfach darauf hingewiesen, dieses Angebot in Anspruch zu nehmen. An diesem Tag wollte ich mich nun dem Antrag dafür widmen, für den ich die Zeitwerte des Hausrats schätzen und Fotos von der Zerstörung einfügen sollte. Als ich nachmittags endlich damit fertig war, fragte ich meine Eltern, ob ich Kaia kurz bei ihnen lassen konnte, um für eine Stunde zu Harry ans Haus zu fahren. Mittlerweile gab es zumindest eine passierbare Brücke auf die andere Ahrseite, sodass der Weg nicht mehr Stunden dauerte.

Als ich am Haus ankam, standen schon eine Handvoll verstaubter Freunde im Hof, die gerade eine kurze Lärmpause einlegten. »Harry ist drinnen«, sagte mein Bruder. »Soll ich ihn holen?« Er wusste, dass ich bis zu diesem Zeitpunkt noch nicht im Haus gewesen war. »Nein«, antwortete ich, weil ich mich heute bereit fühlte. »Ich gehe zu ihm.«

Ich war und bin nach wie vor so dankbar für alle Helfer, die gerade am Anfang sofort anpackten und das Haus entkernten. Und den größten Respekt hatte ich vor Harry, der ganz aktiv den Prozess mitgestaltete, wie aus seinem Zuhause ein Haus wurde. Normalerweise geschieht es andersherum: Man hat ein Haus oder eine Wohnung und haucht ihm nach und nach das Leben ein, sodass daraus ein Zuhause entsteht. Wie viel Leben aus diesem Haus verschwunden war, bis es aussah wie eine Bauruine, bis ich es das erste Mal betrat. Es war so ein seltsames Gefühl. So ein seltsamer Moment. Dieses Haus zu betreten, das mir so bekannt und gleichzeitig auch so fremd vorkam. Ich spürte die Kälte und Nässe des Gemäuers, und sobald ich den ersten Schritt in den Flur gesetzt hatte, war da so eine unangenehme Stille. Als würde das Haus jegliche Geräusche verschlucken oder als könnte ich mit einem Schlag alles nur noch dumpf hören. Ich fühlte mich mit solch einer Wucht an den Tag des 15. Juli zurückversetzt, die kaum auszuhalten war. Ich hörte förmlich meinen Herzschlag, und ich spürte wieder diese Angst und Hilflosigkeit. Gleichzeitig war da wieder ganz groß die Frage nach dem Warum in meinem Kopf. Der kurze Gang durchs Haus fühlte sich für mich an, als wäre ein Film in mir, der doppelt belichtet worden war. Einmal mit dem, was ich jetzt gerade sah, und einmal mit den Erinnerungen aus besseren Tagen.

Der Geruch von Ellas frisch gebackenen Teilchen stieg mir in die Nase, das Knistern des Kamins und wie aus der Ferne grummelnde Stimmen und dumpfes Lachen drang in meine Ohren. Ich sah in meiner Erinnerung Hans nur in ein Handtuch gehüllt im Wohnzimmer sitzen. »Saunagang«, dachte ich schmunzelnd. Auf der Treppe blieb ich stehen, so wie ich es sonst auch manchmal getan hatte, als dort noch Harrys Kinderfotos von Kindergarten- und Schulzeiten gehangen hatten. Durch das kleine Badezimmer schaute ich in den Hof, sah alle dort sitzen und wollte aus Reflex den Vorhang etwas zuziehen, so als säße ich gerade auf der Toilette und wolle mich vor fremden Blicken schützen. Ich hörte das langsame Tippen aus dem Zimmer, in dem der PC stand, und wie jemand im Stockwerk darüber über den knarzenden Boden lief. Der Geruch von angebratenen Zwiebeln lag in der Luft und ich hörte von unten die Frage, ob wir auch zum Essen kämen. Dann das Prasseln von Regen im Dachgeschoss, das ich immer so gemütlich fand. Und vor meinem inneren Auge sah ich Franky mit seinem neuen E-Piano, wie er mir seine neuesten Kompositionen zeigte. Ich fühlte so viel Freude und so viel Schmerz zugleich. Ich wusste bis zu diesem Zeitpunkt nicht, dass ich so etwas fühlen konnte. Auf meinem Weg nach unten fiel mir das Telefon auf der Kommode im Obergeschoss ins Auge. Auf dem Anrufbeantworter war man immer vom kleinen Franky begrüßt worden, der sich während der Ansage mehrfach verhaspelt hatte. Wie konnte man selbst einem Anrufbeantworter nachtrauern?

In Harrys erstem Kinderzimmer im Obergeschoss hing noch die Tapete mit Sternen, die im Dunkeln leuchteten. Aber der Boden war nicht mehr da, denn dieser war wegen der Schäden der Flutnacht herausgenommen worden. Durch das Holzgebälk konnte ich bis auf den Boden des Erdgeschosses schauen und bemerkte erst nach meinem Gang durch das Haus, dass Harry dort unten arbeitete und den Schutt in Eimer schaufelte.

»Möchtest du nicht auch eine kurze Pause machen?«, fragte ich ihn, als ich unten bei ihm angekommen war.

»Ich komme gleich nach«, antwortete er. »Ich mag es hier gerade ohne den Lärm vom Stemmen.«

»Okay«, sagte ich. »Dann gehe ich schon mal nach draußen.«

Im Hof unterhielt ich mich mit unseren Freunden, und als die anderen beschlossen, noch ein bisschen weiterzuarbeiten, nutzte ich die Chance, mit dem Nachbarn von Ella und Hans zu sprechen, der auch da war. Wir hatten uns seit der Flut noch gar nicht persönlich unterhalten, und ich wollte unbedingt erfahren, wie es ihm mit allem ging, was er erlebt hatte. Ich ließ ihn einfach sprechen und hörte ihm aufmerksam zu. Wir standen bestimmt eine Viertelstunde zusammen auf der Terrasse, unterhielten uns, erinnerten uns an all die schönen Momente hier und mit den dreien, bis er begann, von der Nacht zu berichten, in der er gegen 1 Uhr von Hilferufen geweckt worden war. Sein Zimmer lag in Richtung der

Straße. Er erzählte, dass er Ella und Franky gehört habe, aber aufgrund des Stromausfalls nur habe erahnen können, wo sie sich befanden. Franky vermutete er an einer Laterne an der Straße. »Franky?«, fragte ich. »Ich dachte immer, dass nur Hans und Ella gesehen wurden.«

»Nein«, antwortete er. »Hans habe ich nicht gehört. Ich habe auch noch gefragt, wo er ist, und Ella hat mir geantwortet: ›Den haben wir schon verloren.‹ Er muss wohl als Erstes weggetrieben worden sein.« Ich schauderte und doch war es das erste Mal, dass ich dankbar für das war, was mir jemand von dem Tag berichtete. Sie waren alle zusammen gewesen! Franky war nicht allein auf der Terrasse, sondern vorne gewesen. Es waren keine Antworten auf all die Fragen, die mir in manchen Augenblicken noch in den Kopf schossen, aber es war wie das fehlende Puzzlestück. Die Frage »Wo war Franky gewesen?« konnte ich in meinem Kopf ad acta legen.

Er berichtete davon, dass er noch versucht habe, Hilfestellungen zu geben, und dass Ella es geschafft habe, auf die Ladefläche eines Kleinlasters zu klettern, aber letztlich habe das Wasser auch diesen überspült und Ella habe ihm nicht mehr geantwortet. Er erzählte, wie hilflos er sich gefühlt habe und dass er sich fragte, ob er nicht doch etwas hätte tun können.

»Nein«, sagte ich. »Du hättest dich nur selbst umgebracht bei dem Versuch zu helfen. Es ist gut, dass du noch hier bist.«

Wir weinten zusammen und trauerten um die drei. In unsere Tränen mischte sich vielleicht auch die Trauer um die unbekümmerten Personen, die wir vor der Flut gewesen waren.

»Das hab ich gestern gar nicht erzählt«, begann Harry beim Sonntagsfrühstück. »Irgendwer hat einfach das Auto vom Grundstück abgeschleppt und die Versicherung hat sich gemeldet, dass sie zu dem Schadensfall noch ein paar Infos und Fotos brauchen.« Würde es jetzt einfach immer so weitergehen? Würde mit jedem weiteren Schritt, mit jedem weiteren abgehakten Punkt auf der endlos langen To-do-Liste eine neue, unvorhergesehene Aufgabe hinzukommen? »Was soll das? Wann hört das auf?«, fragte ich mich still. Wir waren seit fast einem Monat damit beschäftigt, einen Überblick über die Situation zu gewinnen, zu überlegen, welche Schritte wann gemacht werden konnten, zu trauern, und ich merkte, dass ich mit jeder neuen Hürde, so klein sie auch war, mehr an meine Grenzen kam. Dass sich Wut in mir breitmachte, und ich begann, meine Überzeugungen infrage zu stellen: an das Gute in Menschen, an meinen Glauben und nicht zuletzt auch an Gott. »Gott wird dir nicht mehr zumuten, als du auch tragen kannst.« Diesen Satz hatte ich in meiner Teenie-Zeit so oft gehört. Aber war das wirklich so? Welcher Mensch konnte all das tragen und ertragen? Und war es dann nicht eigentlich so, dass die Starken mehr aufgebürdet bekamen, weil sie mehr tragen konnten? »Ich möchte nicht stark sein, Gott. Ich möchte das alles nicht tragen müssen. Und ich möchte auch nicht, dass Harry es tragen muss«, dachte ich und im selben Moment huschte ein Satz aus Ellas Gedicht über die Krähe durch meinen Kopf: »Er lässt dich nicht ohne Kraft, niemals.«

Spürbar wurde die Stimme der Wut wieder leiser und die der Dankbarkeit über dieses Vermächtnis und diesen Zuspruch wurde lauter. Und bevor ich aus meiner Gedankenwelt in die Realität zurückkehrte, kam ich zu der Schlussfolgerung: »Ich muss es nicht aus eigener Kraft schaffen. Wir müssen nicht stark sein. Wir werden gestärkt.« Und letztlich war es genau das, was wir seit Wochen erlebten. Wir ertrugen all das – die Trauer, das Chaos, die Bürokratie – nicht aus unserer Kraft, nicht, weil wir so stark waren.

»Es gibt so eine Internetseite, auf der man prüfen kann, wer das Auto abgeschleppt hat. Ich weiß nur nicht, ob man herausfinden kann, wohin die das gebracht haben. Die Sammelstellen sind ja überall«, antwortete ich und begann anhand des Nummernschilds direkt mit der Recherche. »Es wurde von einem Abschleppunternehmen ›geborgen‹, steht hier«, konnte ich keine Minute später verkünden.

Bis nachmittags hatte ich schließlich herausgefunden, dass viele Autos durch dieses Unternehmen unter die Karweiler Talbrücke gebracht worden waren, wo wir montagmorgens zwischen Hunderten anderen Autos schließlich auch Hans' und Ellas Wagen fanden.

In den folgenden Wochen lag mein und unser Fokus auf der Vorbereitung der Beerdigung. Was musste beachtet werden? Wie sollte die Beerdigung ablaufen und wie die Feier danach? Konnte am Grab Musik gemacht werden? Gab es Corona-Verordnungen? Was musste am Grundstück vorhanden sein? Wer kümmerte sich um Essen, Trinken, Toiletten oder Dekoration? Und was brauchten wir, um auch bei Regen im Garten zu feiern? Harry arbeitete und ich suchte Unterlagen, die der Bestatter brauchte, befragte verschiedene Familienmitglieder, wo Ella und Hans geheiratet hatten, weil wir eine Heiratsurkunde vom entsprechenden Standesamt benötigten. Ohne meine Freundinnen, die teilweise ganze Nachmittage auf Kaia aufpassten, mit ihr spazieren gingen oder gemeinsam mit ihren Kindern betreuten, wäre all das nicht machbar gewesen. Ich fühlte mich, als wäre ich Harrys Sekretariat, denn alle Informationen zu rechtlichen Themen, Bekanntmachungen in Amtsblättern aus dem Kreis Ahrweiler, Medienanfragen und generelle Themen wurden mir mit dem Hinweis geschickt: »Harry dürfte dafür gerade keinen Kopf haben.« Abends versank ich förmlich im Sofa, wenn nicht noch weitere Unterlagen auf uns warteten.

»Wir sind ja bald im Urlaub«, sagte Harry eines Abends ganz beiläufig. »Vielleicht können wir da ja alle ein bisschen aufatmen.«

»Wir sind im Urlaub?«, fragte ich verdutzt.

»Ja, in Schweden«, antwortete Harry wie selbstverständlich.

Schweden. Ja, das war der ursprüngliche Plan gewesen. Wir hatten mit meinen Eltern und meinem Bruder Ende August meinen anderen Bruder in Schweden besuchen wollen. Aber dann kam die Flut. Und ich ging davon aus, dass auch unser Urlaub nicht stattfinden würde.

»Ich dachte, wir fahren nicht. Nach allem …« Harry unterbrach mich: »Ich dachte, wir fahren trotzdem. Ich dachte, das wäre fest.«

»Ich dachte.« Genau das war unser Problem. Jeder dachte sich seinen Teil, aber keiner sprach alles an. Wir kommunizierten einfach anders als üblich und in den persönlichen, uns als Paar oder Familie betreffenden Themen zu wenig miteinander.

»Hm«, antwortete ich. »Ich glaube, Papa hat uns jetzt das Geld, das eigentlich für den Urlaub gedacht war, bei PayPal geschickt. Also die gehen jetzt auch nicht davon aus, dass wir nach Schweden fahren. Und gebucht haben wir auch noch nichts.«

»Das Geld ist ja nicht das Problem«, sagte Harry. »Das geben wir ihm sonst einfach zurück. Aber du hast dich doch auch auf deinen Bruder gefreut, oder?«

»Ja. Ich spreche morgen mal mit meinen Eltern.«

Den restlichen Abend ließ ich mich von den Videos, die Harry auf dem Fernseher schaute, berieseln und scrollte parallel dazu durch Instagram. Wie immer sah ich viele Stories von Freunden und Bekannten aus dem Ahrtal, aber auch genügend Stories von Accounts und Personen, die gar nichts mit der Flut zu tun hatten und ganz normal ihren Alltag, Inspirationen oder Bilder von Reisen teilten. Der Kontrast zwischen dem Leben, das einfach weiterging, und der Frage, wie das Leben überhaupt weitergehen konnte, fiel mir auf Social Media immer ganz besonders stark auf. Und gleichzeitig hatte ich das Gefühl, in einer Weise abzustumpfen und die Bilder von zerstörten Häusern, dreckigen Klamotten und nicht vorhandenen Brücken als »normal« zwischen all dem anderen Inhalt wahrzunehmen.

Als ich plötzlich ein bekanntes Gesicht in einem Post entdeckte, stoppte ich. Franky. Harrys Onkel hatte ihm einige Worte gewidmet, die ich las und dann auf sein Profil klickte. Auch für Ella und Hans hatte er jeweils einen eigenen Post erstellt und einen Text über sie geschrieben. Ich ließ meinen Tränen freien Lauf. Es war nicht so, als würden die Posts die Gewissheit über den Tod der drei wahrer machen, aber in diesem Moment machte es sie für mich präsenter und auch irgendwie öffentlich. Es war der Augenblick, in dem mir erneut bewusst wurde: »Es gibt kein Zurück. Nur ein Hindurch.«

Mit etwas verschwommener Sicht las ich weiter. Diesmal das, was er über Hans und an ihn gerichtet schrieb: »Du sagtest unvermittelt: ›Ich hatte ein gutes Leben. Gott hat mich wunderbar geführt.‹« Ich hielt inne, wischte mir die Tränen aus den Augen, nur um sicherzugehen, dass ich richtig gelesen hatte, und las erneut: »Ich hatte ein gutes Leben. Gott hat mich wunderbar geführt.« Sofort hatte ich Hans' Stimme wieder im Ohr und sah mich in eine Situation zurückversetzt, die noch gar nicht allzu lange her war. Am 12. Juni, einen Tag nach Ellas Geburtstag, saßen wir draußen auf der Terrasse. Harry war gerade bei Franky im Zimmer, Ella war mit Kaia im Garten unterwegs und Hans und ich saßen am großen Esstisch und hatten ein paar Minuten Zeit, uns zu unterhalten. Ich erkundigte mich, wie es ihm nach all den Krankenhaus- und Arztbesuchen in der ersten Jahreshälfte ging. Er erzählte ein bisschen und sagte zum Abschluss genau diese Worte: »Ich hatte ein gutes Leben. Gott hat mich wunderbar geführt.«

Als ich kurz nach der Flut mit ein paar Menschen darüber sprach, erfuhr ich, dass er kurz vorher noch einer weiteren Person genau diese Sätze gesagt hatte. Mit Harrys Onkel waren es also schon drei. Ich las weiter, was Harrys Onkel schrieb: »Dein Satz lässt mich hoffen, dass Gott dich auf irgendeine Weise auf das, was kam, vorbereitet hat.« *Vorbereitet*.

Am nächsten Morgen besprach ich mich mit meinen Eltern und wir beschlossen, trotz allem nach Schweden zu fahren. Neben den ganzen Vorbereitungen für die Beerdigung stand nun also auch die Recherche von Unterkünften, Routen und einem Mietwagen an. Ganze acht Tage vor Reisebeginn. Ich war dankbar dafür, dass mein Vater nach unserem Austausch die finalen Buchungen übernahm, und ich wusste, dass wir uns in Göteborg auf meinen Bruder als Tourguide für uns verlassen konnten. Es tat gut, zwischen aller Organisation einfach etwas so Schönes wie einen Urlaub zu planen, etwas, auf das wir uns freuen konnten und etwas für uns als Familie: für Harry, Kaia und mich.

Am Wochenende bevor unsere Reise startete, fand die Hochzeit eines Cousins von Harry statt. Ich freute mich sehr darauf, mit ihm und seiner Frau diesen Tag und ihre Liebe zu zelebrieren und auch darauf, dass Kaia ihren Papa beim Schlagzeugspielen im Traugottesdienst sehen würde.

Und dennoch hatte ich an diesem Nachmittag häufiger den Gedanken: »Ihr solltet hier sein!« Es fühlte sich so falsch an, dass Ella, Hans und Franky nicht mit nach draußen gingen, als Harrys Familie mütterlicherseits zum Familienfoto aufgerufen wurde. Und gleichzeitig fühlte ich mich schuldig, denn ich wollte nicht, dass die allgegenwärtige Trauer diesen besonderen – und wegen Corona mehrfach verschobenen – Tag für das Brautpaar überschattete.

Nachdem am Abend ein Video vom Junggesellenabschied des Bräutigams gezeigt wurde, das Franky aufgenommen hatte, musste ich kurz vor die Tür gehen, um mich zu sammeln. Es war so schön und traurig zugleich, seine Stimme zu hören. »Freude und Leid liegen nicht nur nah beieinander«, stellte ich in Gedanken fest. »Sie überlappen sich manchmal einfach. Woher weiß man, was man fühlt, wenn das Herz hüpft und gleichzeitig bricht?«

Auch die Woche vor unserer Abfahrt war terminlich wieder gut gefüllt. Harrys Tante kam zu Besuch und blieb über Nacht bei uns. Sie war bislang noch nicht am Haus gewesen, sodass wir zusammen mit ihr nach Heppingen fuhren. Es war schwer für mich, mit der Trauer von Harrys Verwandten umzugehen. Jede und jeder trauerte auf seine eigene Art und war an ganz individuellen Punkten im Prozess der Trauer. Während manche erst sehen mussten, was passiert war, waren andere schon Tage oder Wochen dabei, abzuschließen und Frieden zu finden, und wieder andere schwelgten in Erinnerungen von für immer Vergangenem. Es reichte mir, mit meiner Trauer und mit der von Harry umgehen zu müssen, die so ganz plötzlich und unkontrollierbar in einigen Momenten hochkam. Ich hatte keine Kraft dafür, auch noch andere in ihrem Prozess zu begleiten und Beistand zu leisten, konnte mich aber an manchen Tagen nicht abgrenzen und merkte erst später, dass ich über meine persönliche Grenze gegangen war.

Vor unserer Abfahrt musste außerdem noch eine Entscheidung gefällt werden, auf welchem Friedhof Hans und Ella beigesetzt werden sollten, deswegen hatten wir uns mit Harrys Halbbruder und Schwägerin verabredet, um die wenigen Friedhöfe, die in Ahrweiler nicht zerstört waren, zu besuchen und uns ein Bild zu machen. Der erste Friedhof lag im Ort von Harrys Elternhaus. Es hätte sicherlich auch die Möglichkeit gegeben, die Beerdigung auf einem Friedhof außerhalb stattfinden zu lassen – etwa im Ort, in dem Harrys Großeltern lebten –, aber Harry und ich hatten die Wochen zuvor einige Male darüber gesprochen, dass sie es bestimmt schön gefunden hätten, mit einem ihnen bekannten Ausblick beerdigt zu werden – mit dem Blick auf die Landskrone.

Als wir am Heppinger Friedhof angekommen waren und aus dem Auto ausstiegen, begann es wie aus Eimern zu schütten. Es war, als würde der Regen die Tristesse dieses Ortes unterstreichen. Und ich erinnerte mich an ein Gespräch mit Hans zurück. Ella war zu einer Beerdigung gefahren, zu der Hans nicht mitkam. »Ich mag Friedhöfe einfach nicht«, sagte er zu mir. »Solche tristen Orte. Und die, die man vermisst, findet man dort sowieso nicht.«

»Ja, recht hattest du«, dachte ich. »Irgendwie hatte ich den Friedhof ›schöner‹ in Erinnerung«, sagte Harry, während er mit seinen Fingern Anführungszeichen in die Luft malte. Wir waren uns einig, dass dieser Ort trotz Ausblick auf die Landskrone nicht der Ort sein sollte, wo sie ihre letzte Ruhe finden sollten.

Daher machten wir uns auf den Weg zu einem weiteren Friedhof, der etwas oberhalb von Ahrweiler lag. Es regnete immer noch, als wir unter den großen Bäumen entlang über den Friedhof gingen. Aber irgendwie wirkte dieser Ort nicht trist, sondern hatte etwas Friedliches, Natürliches an sich. Durch verschiedene Ebenen war es keine reine Grab-Aneinanderreihung. Es gab Gräber unter Weinreben oder unter noch wachsenden Bäumen. »Was für ein schöner Gedanke, dass selbst nach dem Leben hier noch etwas weiterwächst«, dachte ich, und mit einem Mal fühlte es sich nicht mehr seltsam an, dass wir uns Friedhöfe angeschaut hatten. Selbst solche Orte lassen einen etwas Bestimmtes fühlen. »Das würde Mama und Papa bestimmt gefallen«, sagte Harry. »Wie ein großer Garten, in dem man im Sommer auf einer Bank am Baum sitzen kann.« Wir nickten.

Ich konnte es kaum glauben, als wir freitags tatsächlich zu siebt im Mietwagen saßen und uns zunächst auf den Weg zu unserem Etappenziel in Dänemark machten. Es fühlte sich so surreal an, so ganz ohne Dokumente einfach loszufahren und zu wissen, dass das alles eine Woche warten musste, eine Woche warten durfte. Dass wir eine Woche einfach nur für uns hatten. Ich fragte mich, was wohl passieren würde, wenn die Kriminalpolizei wieder vor unserer Tür stünde und niemand aufmachte. Würden sie es jeden Tag wieder versuchen oder würden sie uns anders informieren, wenn Franky gefunden wurde?

»Dürfen wir wegfahren? Können wir einfach Urlaub machen?«, fragte ich mich wieder.

Doch schon am nächsten Abend – wir waren gerade in Göteborg angekommen – wurde mir klar, dass dieser Urlaub kein gewöhnlicher werden würde. Harrys Halbbruder berichtete am Telefon von einem Gespräch mit dem Bestatter und dass alle Wunschtermine für die Beerdigung weiträumig vergeben seien. Deshalb hätten sie sich für den 15. September entschieden. Außerdem schickte er knapp 50 Beispielfotos von Urnen, mithilfe derer wir für Ella und Hans eine Auswahl treffen sollten.

Ich las die Nachricht, als wir gerade losgingen, denn mein Bruder wollte uns noch ein paar schöne Ecken in der Stadt zeigen, bevor wir später bei ihm in der Wohnung gemeinsam Pizza backen wollten. Ausgerechnet der 15. September – unser Hochzeitstag – sollte das Beerdigungsdatum sein? Ich versuchte ruhig zu bleiben und steckte mein Handy weg. »Darum können wir uns später in Ruhe kümmern, wenn wir wieder im Hotel sind«, dachte ich und ließ mich ganz auf die Stadtführung ein. Als ich etwas später mein Handy wieder aus der Tasche zog, weil ich ein Foto machen wollte, sah ich, dass auch Harry in den regen Austausch zum Thema Beerdigung eingestiegen war. »Wahrscheinlich hat er direkt mal gesagt, dass eine Beerdigung an dem Tag nicht geht«, dachte ich, als ich auf den Chat klickte, nur um festzustellen, dass Harry sich lediglich zu den Urnen geäußert hatte. Ich holte tief Luft.

»Ist das dein Ernst?«, fragte ich Harry, als wir über den großen, ins Licht der Abendsonne gehüllten Platz liefen. »Was?«, fragte er.

»Beerdigung am fünfzehnten?«, antwortete ich patzig.

»Ist doch nur eine Beerdigung. Und wenn alle anderen Termine schon vergeben sind ... Irgendwann muss es ja stattfinden«, antwortete Harry und ich musterte ihn eindringlich, um herauszufinden, ob er das ernst meinte, was er da sagte.

»Es ist unser Hochzeitstag. Ich möchte nicht immer, wenn wir Hochzeitstag haben, auch an die Beerdigung denken. Oder möchtest du das? Wir sollten da lieber was wirklich Schönes machen«, sagte ich und bemühte mich, ruhig zu bleiben. Ich wollte nicht mit ihm darüber diskutieren müssen und ich war verletzt, dass er meine Meinung in diesem Punkt nicht zu teilen schien.

»Ich dachte, wir antworten nachher in Ruhe, wenn wir im Hotel sind und mal darüber sprechen konnten. Ich würde gerne jetzt einfach Göteborg genießen«, schob ich noch hinterher.

»Ja, du hast ja recht«, lenkte Harry ein. »Ich kläre das nachher, wenn wir bei deinem Bruder zu Hause sind. Ich möchte das ja auch nicht. Ich dachte nur, dass der Termin jetzt gesetzt ist.«

»Ja, ich denke und du denkst. Wir müssen halt einfach miteinander sprechen«, sagte ich leise, aber ich glaube, das hörte er nicht mehr.

Als ich im Hotel an diesem Abend meine neuen Nachrichten las, war ich erleichtert, als ich die Antwort von Harrys Halbbruder auf dessen Einwand zum Beerdigungstermin las: »An euren Hochzeitstag hatte ich nicht gedacht. Das geht ja gar nicht. Wir klären das natürlich morgen.«

Zwei Tage später schrieb sein Halbbruder, dass der Bestatter einen neuen Beerdigungstermin bestätigt habe und am heutigen Tag die Einäscherung stattfinden sollte. Außerdem waren ein Schlüssel und ein Klapphandy gefunden worden – beides wollte man uns aushändigen. »Ah, ja. Das Klapphandy von Papa, das er immer am Gürtel trug«, sagte Harry, doch mein Kopfkino begann schon zu rattern. Ich dachte an meine Google-Suche zu Wasserleichen. »Aber wenn Handy und Schlüssel gefunden wurden, dann war er bestimmt einigermaßen unversehrt«, versuchte ich im selben Moment, mich wieder zu beruhigen.

»Dürfen wir wegfahren? Können wir einfach Urlaub machen?«, fragte ich mich erneut. »Oder müssen wir das sogar – gerade jetzt? Um ein bisschen Abstand zu gewinnen und auf andere Gedanken zu kommen? Und um neue gemeinsame Erinnerungen zu sammeln. Schöne Erinnerungen.«

In diesen paar Tagen in Schweden fühlte ich mich so viel leichter als zu Hause, wo wir in der Nähe vom Ahrtal waren, umgeben von all den Dokumenten. Und doch schlich sich immer wieder ganz leise der Gedanke daran ein, wie das auf andere wirken könnte. Oder wie sich andere dabei wohl fühlten. Wie sich die Familie fühlen würde, wenn sie mitbekämen, dass wir einfach verschwanden und die Zeit mit meinen Brüdern und Eltern genossen.

Dass wir währenddessen trotzdem nicht ganz abschalteten, konnte niemand von außen sehen. Man sah nur den Urlaub, sah Bilder von sonnenverwöhnten, glücklichen Gesichtern. Unsichtbar nach außen blieb, dass wir jeden Tag Hunderte Nachrichten mit Harrys Halbbrüdern austauschten, um Urnen auszusuchen, und eine Traueranzeige für die Zeitung schrieben, uns den Kopf über Formulierungen und Design zerbrachen. Dass wir täglich mehrfach die offizielle Seite checkten, um zu sehen, ob weitere Vermisste identifiziert werden konnten. Und trotzdem dachte ich so oft darüber nach, ob andere unseren Umgang mit der Situation und unseren Weg der Trauer verstehen oder ob sie über uns urteilen würden.

Der Tag unserer Rückfahrt war Hans' Geburtstag. Und anstatt wie sonst immer in Heppingen zu feiern, saßen wir – schon auf dem Weg nach Hause – stundenlang im Auto und überlegten, wie die Einladungen zur Beerdigung aussehen konnten. Ich dachte an Ellas Testament. An ihren Wunsch nach einem »Freudenfest«. »Ich glaube, die Einladungen sollten nicht schwarz-weiß sein, wenn alle Gäste auch in bunter, festlicher Kleidung kommen sollen«, sagte ich Harry.

»Dann gestalte mal einen Vorschlag«, antwortete er.

Nach einer Weile zeigte ich ihm zwei Einladungen. Eine zur Beerdigung für Hans und Ella und eine für die anschließende Gedenkfeier von Franky, damit Freunde und Arbeitskollegen von ihm, wenn sie das wollten, auch nur zur Gedenkfeier kommen konnten. Für beide hatte ich dieselben Farben gewählt. Einen dunkelblauen Hintergrund und darauf Bilder von gelben gepressten Blumen, die die Fotos der drei teilweise überschnitten.

Oberhalb der Einladung setzte ich denselben Vers, den Harry für die Traueranzeige in der Zeitung verwendet hatte: *»Er wird alle ihre Tränen abwischen. Es wird keinen Tod mehr geben, kein Leid und keine Schmerzen, und es werden keine Angstschreie mehr zu hören sein. Denn was früher war, ist vergangen«* (Offenbarung 21,4; NGÜ).

»Da muss es schlimm gewesen sein«, hallte wieder die Stimme des Nachbarn in meinen Ohren. »Das, was war, ist vergangen«, sagte ich leise und wurde ruhig. *Frieden.*

Am nächsten Tag setzte ich Harry in Heppingen ab und wollte, da Kaia im Auto schlief, die längere Strecke am Rhein entlang nach Hause fahren. Tränen stiegen mir in die Augen, als mir bewusst wurde, dass ich am Ahrverlauf entlang in Richtung Remagen fuhr: dort, wo Ella gefunden worden war. »Was für eine lange Strecke«, dachte ich und blickte zur rechten Seite, gerade als ich aus Lohrsdorf herausfuhr. Mein Blick fiel auf den Spielplatz. »Zwischen Spielplatz und Ahr«, hörte ich den Kriminalkommissar sagen. Hier irgendwo war Hans gefunden worden. Ich brach in Tränen aus.

»Bist du noch bei deinen Eltern? Und falls ja, darf ich mir kurz eine Umarmung bei dir abholen? Habe gerade ein Tief und bin auf dem Weg von Heppingen nach Bonn«, diktierte ich meinem Handy eine Nachricht an meine beste Freundin, bevor ich, nur wenige Minuten später, ihr und ihrer Mutter bitterlich weinend in die Arme fiel.

Kapitel 11

Als ich das Kalenderblatt zum neuen Monat umdrehte, hielt ich kurz inne. Der September war schon immer einer meiner liebsten Monate. Ich liebe den Übergang von Sommer zu Herbst, wenn die Blätter beginnen, sich in ein buntes Gewand zu hüllen. Aber mit Blick auf die bereits eingetragenen Termine war ich mir sicher, dass dieser September anders werden würde. Staatsakt, Beerdigung, Schlüsselübergabe der neuen Wohnung, unser Hochzeitstag, Umzug, Wohnungsübergabe der alten Wohnung. »Achterbahn-Monat«, dachte ich. »Ein Ganz schönes Auf und Ab.«

»Zum Staatsakt zum Gedenken an die Opfer der Flutkatastrophe in Rheinland-Pfalz unter Teilnahme von Bundespräsident Frank-Walter Steinmeier am Mittwoch, 1. September 2021, um 17:00 Uhr, am Nürburgring lade ich Sie ein«, las ich die Worte unterzeichnet von der Ministerpräsidentin des Landes Rheinland-Pfalz auf Harrys Einladungskarte. Wir waren gerade auf dem Weg nach Ahrweiler, um Kaia für die Dauer des Staatsaktes bei meinen Eltern zu lassen.

»Mehr als das, was da steht, wissen wir auch nicht, oder?«, fragte ich Harry.

»Nein. Ich habe gar keine Vorstellung, was da passiert. Ich weiß nur, dass wir meine Halbbrüder da treffen«, sagte er lachend.

Es fühlte sich seltsam förmlich an, als wir in der großen Halle, in der alle dunkel gekleidet waren, angewiesen wurden, in den vorderen Reihen Platz zu nehmen. Auf die Wand hinter der Bühne waren die Namen aller bis dato identifizierten Toten geschrieben. Ich schluckte und suchte nach den Namen von Ella und Hans. Bis ich sie fand: »Elvira und Johann Neufeld«.

Es fühlte sich irgendwie unpersönlich an, ihre richtigen Namen zu lesen. Für mich waren sie immer nur Ella und Hans gewesen, und ich schmunzelte, als ich daran dachte, wie irritiert ich gewesen war, als ich das erste Mal einen an Johann und Elvira adressierten Brief auf dem Tisch in der Scheune hatte liegen sehen. »Wer ist denn Johann?«, hatte ich Harry damals gefragt. Vor meinem inneren Auge sah ich noch das breite Grinsen auf seinem Gesicht, als er mir geantwortet hatte: »Mein Vater und meine Mutter Elvira. Hans und Ella sind nur ihre Spitznamen. Ich dachte, das wüsstest du.«

Trotz der vielen Menschen war es verhältnismäßig still, bis das Bläserkorps mit einem Lied eröffnete. Ich las das Programmheft, das auf jedem Stuhl lag. Einigen Vortragenden wurde die Bühne geboten, unter anderem dem Bundespräsidenten und der Ministerpräsidentin des Landes, aber auch einer Person, die sich bei der Koordination der freiwilligen Helfer engagierte. Inmitten der Vorträge stand: »Verlesung der Namen«. »Das wird hart«, dachte ich mit zusammengepressten Lippen und merkte schon jetzt, wie meine Sicht etwas verschwamm.

»So wirklich was gebracht hat mir der Termin jetzt aber nicht«, sagte Harry, als wir wieder im Auto saßen. »Und ich fand es komisch, dass die Namen nur abgekürzt vorgelesen wurden, aber an der Wand in ganzer Länge standen. Ich freue mich irgendwie auf die Beerdigung. Und dass alle bunt angezogen sind. Das zieht die Stimmung ja extrem runter, wenn man so förmlich, schwarz und still dasitzt.« Ich nickte. »Ist das nicht komisch, dass sich jemand auf die Beerdigung seiner Eltern freut?«, dachte ich und sagte dann: »Ja, wir organisieren ein richtig schönes Freudenfest zu Ehren der drei.«

Freitags vor der Beerdigung erhielt Harry einen Anruf mit einer Mayener Vorwahl. »Kriminalpolizei?«, sagte er fragend und streckte mir sein Handy entgegen. »Keine Ahnung«, sagte ich. »Geh ran.«

Ob sie Franky gefunden hatten? Während Harry telefonierte, öffnete ich die Seite mit den Vermisstenzahlen. Noch immer vier Vermisste – wie schon seit Tagen. Noch immer gab es eine gefundene Person, die nicht identifiziert war. Allerdings gab es ja genug DNA, um Franky zu identifizieren. Aber vielleicht veränderte sich die Zahl ja auch erst, wenn die Angehörigen informiert worden waren. Oder die Kriminalpolizei war in unserem Urlaub mehrfach hier gewesen und …

»Die Kripo hat die Suche nach Franky jetzt eingestellt. Die letzten Wochen haben sie sehr intensiv und mehrfach und auch mit Tauchern nach ihm gesucht, aber ohne Erfolg«, unterbrach mich Harry in meinen Gedanken. »Also keine Beerdigung von Franky? Wie geht's dir damit?«, fragte ich.

»Läuft wohl darauf hinaus, dass wir ihn nicht beerdigen können. Aber wir beziehen ihn trotzdem in alles ein, nächste Woche«, antwortete er. »Ich weiß nicht, vielleicht ist es ja auch besser, wenn man ihn nach der ganzen Zeit nicht findet. Er ist jetzt einfach frei.«

»Ich staune über dich, Harry Neufeld«, dachte ich. »So was zu sagen, zeugt wirklich von übernatürlichem Frieden in der Situation und trotz allem. Gott sei Dank.«

In den nächsten Tagen mobilisierten wir noch mal alle Kräfte für die Vorbereitungen der Beerdigung. Wichtig war vor allem auch, dass das Grundstück halbwegs sicher war, um dort ohne Sicherheitskleidung ein paar Stunden verbringen zu können. Der Rasen musste gemäht werden, allerdings lagen auf dem Boden darunter kleine oder größere Steine, Glasscherben oder Holzstücke, die sich für die Mähenden zu gefährlichen Geschossen entwickeln konnten. Deswegen musste der Garten zunächst händisch oder mit Rechen und anderen Werkzeugen von den Kleinteilen befreit werden. Meine Freundin und ich verbrachten einen ganzen Tag damit, den restlichen Schlamm zu entfernen, Glasscherben aus Beeten wegzuräumen, Pflanzen zurechtzuschneiden und von »Treibgut« zu befreien. Der Schlamm auf dem Nachbargrundstück stand fast so hoch wie die etwas aufgebockte Terrasse und wölbte sich mittlerweile brüchig, da er schon so ausgehärtet war. »Der Schlamm sieht einfach genauso aus wie das Flussbett, durch das wir in Marokko gewandert sind«, sagte ich zu meiner Freundin. Denn letztlich war es auch nicht großartig anders. Wir saßen im Flussbett der Ahr, dem Flussbett einer Nacht und eines Tages. Sie nickte: »Nur hat der Schlamm in Marokko nicht so gestunken.«

Selbst nach fast zwei Monaten lag dieser Geruch noch so penetrant in der Luft. Ob der wohl irgendwann weggehen würde? Oder ob man sich einfach daran gewöhnte?

Als am Vortag der Beerdigung die ersten Pavillons im Garten aufgebaut wurden, blieb ich im Scheunentor stehen. »Das nächste Fest sollte eigentlich ein Geburtstag sein, keine Beerdigung«, dachte ich. Ich dachte an das Video von Ellas letztem Geburtstag, den wir einen Tag später mit ihr gefeiert hatten, weil wir den Tag bei unserem Patenkind verbracht hatten. Harry hatte ein paar ihrer liebsten Menschen zusammengetrommelt und ihr gemeinsam eine Kaffeemaschine geschenkt. Eingepackt in Herzgeschenkpapier hatte ich darauf geschrieben: »Wir lieben dich, Ella.« Franky hatte ihre Reaktion gefilmt. Ich erinnerte mich an das Strahlen in ihrem Gesicht, nachdem sie ganz vorsichtig das Geschenkpapier abgelöst hatte und wie ein Poster vor sich hielt: »Das hänge ich jetzt jedes Jahr zum Geburtstag auf.« Ich sah das geschäftige Treiben im Garten – an jeder Ecke wurde geputzt, repariert oder verschönert – und dachte an die Stimmung kurz vor Feiern im Hause Neufeld. Es war immer stressig gewesen, zumindest für Ella, weil sie gewollt hatte, dass alles schön war und sich alle wohlfühlten. Es war geputzt, geräumt, gekocht und gebacken worden. Ich betete, dass dieses »Freudenfest« so von Gastfreundschaft geprägt sein würde, wie alle Feste bei Ella und Hans es immer gewesen waren.

Die Terrasse sah mittlerweile fast aus wie immer. Ein großer Pavillon überdachte den ganzen Bereich und ich erinnerte mich an die langen Nächte hier. In denen wir Sternschnuppen beobachtet, gekocht, gespielt, tiefe Gespräche geführt oder sogar Business-Pläne geschmiedet hatten. Und für einen kurzen Moment, solange ich mich nicht umdrehte und in Richtung Haus blickte, fühlte sich alles so an wie immer.

Eine Weile unterhielt ich mich mit Ellas Schwester und berichtete ihr von meinem Gespräch mit dem Nachbarn gegenüber, als sie meinte, dass sie sich immer noch frage, wo Franky in der Nacht gewesen sei. Ich erzählte ihr, was der Nachbar erzählt habe, als sie an der Straße andere Nachbarn parken sah. »Ich komme gleich wieder«, sagte sie, und ich beobachtete, wie sie mit einer Frau sprach, immer wieder in verschiedene Richtungen zeigte und schließlich wiederkam.

»Die Frau hat gesagt, dass sie immer dachte, Franky sei ein Junge. Wahrscheinlich, weil wir immer von Vater, Mutter und Sohn gesprochen haben«, erzählte sie. »Sie hat in der Nacht Personen gehört. Einer war relativ schnell nicht mehr zu hören, aber ein Mann hielt sich wohl an der Laterne fest und rief immer wieder: ›Ich kann nicht schwimmen!‹« Ich schluckte. Franky. Es war eine Bestätigung des Berichts, den ich schon kannte. Ich stellte mir seine Todesangst vor. Ob ich diese Information wirklich wissen wollte? »Du bist jetzt sicher«, dachte ich.

Als ich abends im Hof stand und durch die zerbrochene Mauer in den bunt angepinselten Himmel schaute, musste ich lächeln. Alles, wirklich alles war kaputt. Häuser, Menschen, Dinge. Aber der Himmel zeigte immer wieder ganz still und doch für alle offensichtlich seine Herrlichkeit.

Harry tüftelte an diesem Abend noch weiter an seiner App, in der die Gäste erfassen sollten, ob sie gegen das Coronavirus geimpft waren oder nicht, damit wir einen Überblick hatten und dadurch sicherstellen konnten, dass die gültigen Corona-Verordnungen eingehalten wurden. Ich bereitete mich gedanklich schon auf den kommenden Tag vor. Sollte ich etwas über die drei erzählen?

Ich wusste, dass im Garten ein Mikrofon angeschlossen wurde, das für alle zugänglich bereitlag, um schöne Erinnerungen zu teilen. Was könnte ich sagen?

Meine Gedanken wanderten zu Ella. Sie war unglaublich kreativ gewesen – in der Küche, im Zeichnen, im Schreiben, in der Fotografie. Sie hatte ein Herz für Dekoration gehabt. Und auch handwerklich war sie sehr begabt gewesen. Sie konnte schneidern, machte Skulpturen aus Stein, packte überall mit an, wo Hilfe gebraucht wurde. Sie stellte das Wohl der anderen immer über ihr eigenes. Ella kam irgendwann zu dem Schluss, dass Grün meine Lieblingsfarbe sei. Ab da gab es ganz viele grüne Geschenke. Sie wusste, dass ich eher schlichte Dinge mochte, und versuchte immer wieder, mit ihren Geschenken meinen Stil zu treffen – was ihr auch immer mehr gelang. Sie war eine gute Beobachterin und hatte ein Auge für den Moment und die kleinen Schönheiten und Wunder am Wegesrand. Sie sammelte Herzen, die sie überall sah. Ob in Sonnenblumen, in Steinen, in Wolken, Kartoffeln. Im ganzen Haus gab es Tausende Deko-Elemente in Herzform, vor dem Eingang lagen Hunderte Herzsteine, die sie auf ihren Wanderungen und Spaziergängen oder an der Ahr und am Rhein gefunden hatte. Ich belächelte diese gefühlt fast zwanghafte Sammelei, aber im Nachhinein stellte ich fest, was für eine bemerkenswerte Beobachtungsgabe sie hatte, um überall so viele Herzen zu sehen. Sie sah in jedem Menschen das Gute, sah immer das Licht in den Seelen. Ich schmunzelte. Ellas Art, mitten im Satz glucksend aufzulachen, wenn sie sich freute oder auch wenn sie über Harry als Kind sprach, war einmalig und so ansteckend.

Wenn ich an Hans dachte, dann dachte ich an den »Mann für alles«, der er gewesen war. Es gab kein Problem, für das er keine Lösung oder nicht das passende Werkzeug hatte. Ich konnte mich nicht daran erinnern, dass jemals ein Handwerker, außer dem Schornsteinfeger, am Haus gewesen war. Hans machte alles selbst oder wusste, wer aus der Familie oder dem Freundeskreis ihn unterstützen konnte. Er war sorgfältig in dem, was er tat, aber nicht perfektionistisch – was Ella regelmäßig auf die Palme brachte. Für Hans mussten die Dinge funktionieren. Das Optische war das Sahnehäubchen, aber nicht zwingend notwendig. Hans war für mich der Inbegriff von »Learning by Doing«. Während sich andere davon aufhalten ließen, dass sie etwas nicht konnten, legte Hans einfach los. Er machte Fehler, lernte aus ihnen und machte es beim nächsten Mal besser. Ich hörte ihn nie sagen: »Das kann ich nicht.« Aber dafür sehr häufig: »Das hab ich noch nie gemacht, aber ich habe schon eine Idee.« Hans verband ich unweigerlich mit Feuer. Sei es zum Grillen, zum Wärmen im Winter im Wohnzimmer oder einfach, um das gemütliche Beisammensein durch ein Feuer noch gemütlicher zu machen. Für Hans gab es eigentlich immer einen Anlass, um ein Feuer zu machen. Er liebte seine Familie, war stolz auf seine Söhne und teilte das auch mit. Er war außerdem so gerne Opa. Beide waren so gerne Großeltern.

Meine Gedanken schweiften weiter, und ich dachte über unser Verhältnis nach. Ich war nicht immer einer Meinung mit meinen Schwiegereltern gewesen und fand manche Ansichten und Herangehensweisen schwierig. Häufig sah ich unsere Unterschiede und das, was uns trennte. Aber eigentlich verband uns viel mehr, als uns trennte – mindestens die Liebe zu Harry. Ich werde ihnen ewig dankbar sein für ihren Sohn und für alles, was sie für ihn und uns getan haben. Viele ihrer Eigenschaften sehe ich jeden Tag in Harry, seit dem Verlust noch mehr als zuvor. Könnte ich ihnen doch nur noch einmal sagen, wie lieb ich sie hatte, auch wenn ich manchmal vielleicht streng oder sogar zu streng mit ihnen war.

Mir kam die erste bewusste Erinnerung in den Kopf, die ich an Franky hatte. Ich war gerade erst 14 Jahre alt und zu Fuß von einer Freundin zu früh zur Jugend bei Neufelds eingetroffen. Franky musste acht Jahre alt gewesen sein und saß im Sandkasten, komplett in seiner eigenen Welt versunken. Er bemerkte gar nicht wirklich, dass ich da war. Mein jüngster Bruder war nur zwei Monate älter als er, und über die Jahre wurde unser Verhältnis immer geschwisterlicher. Er war die humorvollste Person, die ich je kennenlernen durfte, wenn sein Humor auch eher ungewöhnlich war. Außerdem war er immer auf das Wohlergehen der Menschen um ihn herum bedacht, was allein schon seine Musik-Playlists zeigten. Er wusste genau, wem welche Art von Musik gefiel, und passte seine Musikauswahl dem »Publikum« an oder wechselte zwischen verschiedenen Genres hin und her, wenn verschiedene Geschmäcker aufeinandertrafen. Er war sehr großzügig, ein guter Gastgeber und machte sich viele Gedanken, wie er anderen Personen eine Freude machen konnte. Natürlich hatten die drei auch Konflikte und Meinungsverschiedenheiten in ihren Freundschaften oder miteinander. Mit Sicherheit haben sie Dinge gesagt oder getan, die ihnen im Nachhinein leidtaten. Aber sie waren immer für jeden da, der an ihrer Tür klopfte. Ich möchte niemanden als den perfekten Menschen hinstellen, möchte niemanden romantisieren. Ich möchte mich nur nicht auf Negatives konzentrieren und es Ella gleichtun und das Gute in anderen hervorheben – trotz aller Makel.

»Ich möchte morgen dankbar sein für alles, was wir zusammen erleben durften, anstatt zu betrauern, was ich nicht mehr mit ihnen erleben kann«, nahm ich mir vor.

Die Sonne strahlte am blauen Himmel und es war keine Wolke weit und breit zu sehen, als ich am nächsten Morgen die Fenster öffnete. Und auch in der Wetter-App war den ganzen Tag nur eine Sonne abgebildet. »Dreizehn Sonnenstunden«, las ich. Vom Sonnenaufgang um 6:55 Uhr bis zum Sonnenuntergang um 20:01 Uhr. »Gut, dass wir die Pavillons als Sonnenschutz haben. Sonst wären wir ja wirklich den ganzen Tag in der Sonne«, sagte ich zu Harry, der gerade damit beschäftigt war, Hemd und Anzug für die Beerdigung einzupacken. Ich wusste noch immer nicht, was ich anziehen sollte. Mit Blick auf das Wetter wäre ein leichtes Sommerkleid wahrscheinlich die beste Wahl gewesen. Aber ich wollte nicht dasselbe Kleid wie zur Hochzeit vor einem Monat anziehen. Es würde mich dann immer an diesen Tag erinnern, von dem ich noch gar nicht abschätzen konnte, wie gerne ich mich später daran erinnern würde. Ich entschied mich schließlich für ein olivgrünes Blusenkleid mit längeren Ärmeln und legte es zu den Sachen, die wir mitnehmen wollten.

Vormittags und über Mittag waren wir noch am Haus mit den letzten Vorbereitungen beschäftigt. Harry sperrte das Haus mit rot-weißem Flatterband weiträumig ab und brachte »Betreten der Baustelle verboten«-Schilder an, damit niemand auf die Idee kam, ins Haus zu gehen und sich womöglich dort verletzte. Boxen wurden aufgebaut, und ein Soundcheck wurde durchgeführt. An der Stelle, an der Hans auch immer gegrillt hatte, wurden drei Grills aufgebaut – einer für jeden seiner Söhne. Der letzte Pavillon wurde aufgebaut, es wurden Biertische und -bänke aufgebaut und platziert. Bis zur letzten Minute wurde dekoriert.

Schon auf unserem Weg zum Friedhof bemerkten wir einige ortsfremde Nummernschilder, die in dieselbe Richtung unterwegs waren. Wir konnten den letzten Parkplatz direkt am Friedhof ergattern, viele Autos parkten an der Straße weiter unten und vor dem Friedhofseingang tummelten sich bereits eine Menge Menschen. Für mich waren sehr viele unbekannte Gesichter dabei, aber Harry erkannte auch einige langjährige Freunde seiner Eltern, die weiter weg wohnten. Meine Mama nahm mir Kaia im Kinderwagen ab, damit ich während der Beerdigung bei Harry am Grab stehen bleiben konnte. Es war ein seltsames Gefühl, an all den Menschen vorbei zum Baum zu laufen, unter dem zwei Löcher für die Urnen ausgehoben waren. Ich merkte, dass alle Blicke der schätzungsweise 300 Gäste auf uns lagen, und konnte kurz aufatmen, als ich meine Freundinnen in der Nähe meiner Eltern stehen sah und ihre Blicke mir signalisierten, dass ich mich nur auf das Geschehen am Grab und auf Harry konzentrieren konnte. Allein ihre Anwesenheit gab mir etwas Ruhe. Es wurde still, als wir vorne unsere Plätze eingenommen hatten. Aber in meinem Kopf war es noch so laut. Die letzten Wochen waren wir fast ohne Pause mit so vielen Themen beschäftigt, die den heutigen Tag betrafen. Bis kurz vor der Beerdigung hatten wir alles vorbereitet. Und jetzt standen wir hier, umgeben von bunt gekleideten Personen an einem sonnigen, warmen Tag und sollten Ella und Hans beerdigen? Ich konnte in dem Moment nicht verarbeiten, was da im Begriff war zu passieren. Ich fühlte mich ein bisschen, als würde ich die ganze Situation nur aus dem Blick einer Außenstehenden erleben. Ich nahm zwar alles wahr, aber nur so, als würde ich es ohne viele Emotionen zur Kenntnis nehmen. Es war schön zu sehen, dass wir so viele letzte Wünsche von Ella umsetzen konnten, dass die Personen, von denen sie sich eine Predigt oder einen Wortbeitrag gewünscht hatte, auch zu Wort kamen und dass sogar ihr Wunschlied gespielt wurde, wenn auch nur instrumental. Ich stand zwischen Harry und seinem Halbbruder, hielt Harry an der Hand und merkte, dass meine Tränen mir immer dann in die Augen schossen, wenn einer der beiden um mich herum mit seinen zu kämpfen hatte.

Als die Urnen vorsichtig in die vorgesehenen Erdlöcher heruntergelassen wurden und wir die Ersten waren, die Blumen hinunterwarfen, dachte ich an Hans' Worte: »Die, die man vermisst, findet man hier sowieso nicht.« Ich blickte von den Urnen auf und instinktiv nach oben Richtung Himmel.

Wie froh war ich darüber, dass wir uns schon beim Erstellen der Einladungen dagegen entschieden hatten, Beileidsbekundungen am Grab entgegenzunehmen. Es forderte mich emotional sehr, die geballte Trauer von so vielen, mir teilweise fremden Menschen wahrzunehmen und irgendwie damit umzugehen. Wir erhielten dafür unzählige Karten, auf deren Umschlag häufig ein Wort stand: »Trauerhaus«.

Noch während wir auf dem Friedhof standen, dachte ich über diesen Begriff nach. »Trauerhaus«. Dabei kamen mir diverse Königshäuser in den Sinn, die beim Tod einer Person aus ihrem Haus eine Staatstrauer ausriefen und für eine gewisse Zeit nur in Schwarz gekleidet öffentliche Auftritte absolvierten. Fahnen auf Halbmast. »Musste mein ganzes Haus trauern?«, überlegte ich weiter. Musste ich mit allem, was ich war, in meiner Rolle als Harrys Frau, als Schwiegertochter von Ella und Hans, öffentlich sichtbar machen, dass ich trauerte?

Noch während der Beerdigung flüsterte Harrys Tante Harry und mir zu: »Ihr seid so stark!« Sie meinte ihre Worte wahrscheinlich anerkennend und gut, doch ich hörte dennoch daraus den Vorwurf: »Warum seid ihr so stark und nicht schwach?«

Ich merkte selbst, dass man es mir in meiner Trauer nicht recht machen konnte. Einerseits wollte ich nicht hören, dass ich stark war, und wollte manchmal nicht über die drei sprechen. An anderer Stelle wiederum schon. Selbst in der Zeit von Trauer gab es scheinbar Erwartungen der Gesellschaft oder anderer Trauernder daran, wie lange man zu trauern oder wie sich die Trauer zu äußern hatte. Es kam zwar niemand auf uns zu, um solche Erwartungen zu äußern, doch für mich fühlte es sich in einigen Momenten so an. In dieser Zeit wurde mir neu bewusst, dass man Menschen wirklich nur vor den Kopf und das Herz blicken konnte, niemals dahinter. Außer sie ließen andere an ihren Gedanken und Gefühlen teilhaben. Für mich persönlich fühlte es sich einfach falsch an, mit meiner Trauer öffentlich umzugehen, was bei Weitem nicht hieß, dass sie nicht stattfand. Nur eben anders als bei anderen. Ich dachte an Ellas Gedicht: »Ein jeder weint für sich. Der eine weint laut, den anderen hört man nicht.« Beides einfach unkommentiert stehen lassen zu können ist wahrscheinlich die größte Schwierigkeit, wenn mehrere Personen um dasselbe und doch ganz unterschiedlich trauern.

Einige Menschen verabschiedeten sich nach der Beerdigung bei Harry und teilten ihm mit, dass sie nicht zum Haus kommen würden, weil alles, was sie auf der Fahrt durch das Ahrtal zum Friedhof gesehen hätten, sie schon so sehr mitgenommen habe.

Erst diese Aussage schärfte wieder mein Bewusstsein für die Heftigkeit all dieser Eindrücke, denen wir uns so regelmäßig aussetzten. Es wurde für mich auf eine Art normal und war zugleich immer wieder ein Schock, wenn ich ins Ahrtal kam.

Im Nachhinein tat es mir leid, dass ich Freunde einfach ans Haus geschickt hatte, wenn sie gefragt hatten, wie sie helfen könnten. Was sie dort sahen, rochen, hörten, erlebten oder dass sie selbst nach Tagen oder Wochen noch befürchten mussten, irgendwo Menschen zu finden, musste heftig gewesen sein. Das wollte ich niemandem aufbürden.

Wir machten uns ziemlich bald schon auf den Weg zurück nach Heppingen, um in der Gastgeberrolle die Ersten am Haus zu sein. Es fühlte sich so normal an, wie sich das Grundstück nach und nach mit vielen bunt gekleideten Menschen füllte und immer mehr Menschen weitere Speisen auf den Buffettischen drapierten. Eben so, wie es immer gewesen war. An jeder Ecke hörte man fröhliches Gelächter, zwischendrin sah man einige, die in kleinen Gruppen beisammenstanden und sich angeregt unterhielten, aber auch Menschen, die sichtlich bewegt das Haus von außen begutachteten und Harrys Flatterband zur Absperrung ignorierten.

Es war wirklich warm und kam mir fast so vor, als wollte der Sommer uns einen Tag zurückgeben. Ein Sommertag im Garten zum Feiern und Grillen. Genau so, wie es Ella und Hans gefallen hätte. Harrys Tante leitete mit ihrem E-Piano auf der Terrasse einen Chor aus allen an, die mitsingen wollten. Gesungen wurden viele von Ellas Wunschliedern, die sie in ihrem Testament vermerkt hatte. Als Überschrift stand auf den Liedblättern: »Ein Freudenfest der Erinnerung«. Es fühlte sich für mich kein bisschen seltsam an, diese Lieder zu singen und mit Kaia auf dem Arm dazu zu tanzen. Es war eher so, als würden wir für Ella singen, und ich hatte an diesem Tag oft den Gedanken, dass Ella jeden Moment in einer schönen Bluse und mit ihren liebsten Herzohrringen vor mir stehen würde und noch mehr zu essen bringen oder mitsingen und tanzen würde.

Ich fühlte mich die meiste Zeit an diesem Tag wie immer, wenn ich bei Feiern bei Neufelds war. So als wäre das hier auch irgendwie mein Zuhause und als könnte ich den eigentlichen Gastgebern helfend beistehen. Vielleicht lag das auch daran, dass ich einige der

Gäste selbst nicht kannte und es sich nicht nach »meinen« Gästen anfühlte.

Als es langsam dunkel wurde, rechnete ich jeden Moment damit, dass Hans mir lachend entgegenkam und mir sagen würde, wie lieb er uns habe und wie schön dieser Tag heute gewesen sei. Das hatte er immer so gemacht. Ich wünschte mir so sehr, ich könnte ihn noch einmal in den Arm nehmen und ihm dasselbe sagen.

Viele Gäste verabschiedeten sich langsam und der Garten wurde immer leerer. Auch meine Eltern machten sich mit Kaia auf den Weg nach Hause, damit ich noch bei Harry bleiben konnte. Ich begleitete sie und einen Freund auf dem Weg zu den Autos. »Mal ernsthaft«, sagte er bei der Verabschiedung. »Wie geht es Harry? Er wirkt so gefasst und im Frieden mit allem.«

»Ja«, antwortete ich. »Ich glaube, das ist er wirklich.«

Als ich zurückkam, wurden im hinteren Teil des Gartens schon Vorbereitungen für ein Lagerfeuer getroffen und ich hörte, wie der Anfang von »Sing Hallelujah!« durch die Boxen klang. Ellas Lieblingslied. »Wie hoch ist die Wahrscheinlichkeit, dass genau dieses Lied in einer dreizehnstündigen Playlist drankommt?«, fragte ich mich. Auf einmal wurde es wieder stiller. Spätestens jetzt war der Moment gekommen, in dem mir bewusst wurde, dass Ella hier heute nicht die Tanzfläche erobern würde. Als ich sie das letzte Mal dabei beobachtet und die Freude in ihren Augen gesehen hatte, da hatte ich nicht gewusst, dass ich sie danach nie wieder so sehen würde. Letzte Male vergehen still.

Ein Freudenfest der Erinnerung, so traurig und so schön zugleich. Das einzige Foto, das es von Harry mit seinen Halbbrüdern an diesem Tag gibt, zeigt die drei vor ihren Grills, fröhlich grinsend in bunten Hemden und kurzen Hosen.

Nachdem ich abends allein mit Kaia zu Hause angekommen war, während Harry mit einer Handvoll Menschen noch am Lagerfeuer den Tag ausklingen und vielleicht auch etwas sacken ließ, stellte ich fest, dass der Tag vergangen war, ohne dass auch nur eine Person das Mikrofon genommen hatte, um etwas über Hans, Ella oder Franky zu erzählen. Auch ich hatte diese Chance verstreichen lassen, aber ich war nicht unglücklich darüber. Der Nachmittag war so gut, wie er gewesen war. Und irgendwie war es auch schön, die Erinnerungen und Gedanken vom Vorabend noch eine Weile wie einen Schatz für mich zu behalten. Es war mir aber ein Anliegen, den Gedanken festzuhalten, der mir gerade durch den Kopf schoss, und diese Hoffnung in diesem Gedanken: »Ich freue mich auf das Fest in der Ewigkeit, wenn wir uns wiedersehen.« Denn dieser Tag war nicht nur traurig, sondern auch so schön und hoffnungsvoll gewesen – irgendwie besonders. Ich öffnete Instagram, wählte ein paar Fotos aus und begann zu schreiben: »Eins weiß ich sicher: Im Himmel ist jeder Tag ein Fest. Ihr seid umgeben von schönen Seelen, Musik und Herzsonnenblumen. Feiert. Tanzt. Genießt Früchte und sitzt im Garten am Feuer. Euch geht es nur gut. Ihr fühlt nur Freude. Ihr seid frei. Und doch geborgen. In der Ewigkeit. Ich weiß, eines Tages werden wir uns wiedersehen. Und ich weiß: Das wird ein Fest!«

Am nächsten Tag machten wir uns wieder auf den Weg nach Heppingen, um alles abzubauen und aufzuräumen und um von einigen Gästen mitgebrachte Pflanzen im Garten einzupflanzen. Am Urnengrab war eine Bepflanzung nicht möglich und auch Kränze und andere Beileidsbekundungen waren nur in beschränkter Anzahl gestattet. Daher hatten wir vor der Beerdigung angeboten, dass alle, die dennoch Pflanzen oder Blumen schenken wollten, dies tun konnten und wir diese im Nachhinein auf dem Grundstück einpflanzen würden. Auf der Terrasse war ausnahmsweise nicht nur der Staub des getrockneten Schlamms zu finden, sondern auch jede Menge Herzkonfetti. Ich erinnerte mich an das Herz, das Harry in den ersten Tagen nach der Flut vom Schlamm befreit hatte. Darauf stand ein Zitat: »Das einzig Wichtige im Leben sind die Spuren der Liebe, die wir hinterlassen, wenn wir gehen.«[7] Ja, wenn von allem, was wir jemals aufgeschrieben, gebaut, komponiert oder gemalt haben, nichts mehr bleibt, wenn alles Materielle vergeht, dann bleibt am Ende nur das, wie wir andere haben fühlen lassen. Dann bleiben nur die Spuren der Liebe in den Herzen der Menschen, die uns kannten.

Erst auf dem Heimweg begann ich wirklich zu realisieren, dass die Beerdigung hinter uns lag und ich damit auch einige Sorgen und Gedanken, die mir noch im Kopf herumspukten, loslassen konnte. Doch viel Zeit zum Durchatmen blieb nicht, denn der nächste große Meilenstein warf schon seine Schatten voraus: unser Umzug.

Ich freute mich auf die neue Wohnung. Es fühlte sich an wie ein Neuanfang. Und gleichzeitig hatte ich Angst vor diesem Umzug. Nicht nur, weil ich noch nichts vorbereitet hatte, sondern vor allem, weil es mir vorkam wie ein weiterer Schlussstrich. Es erschien mir so, als würden wir sie ein weiteres Stück aus unserem Leben radieren. War ich bereit dafür? Wir zogen um in eine Wohnung, in der meine Schwiegereltern und mein Schwager uns niemals besuchen würden, die sie nicht kannten. Sie hatten zwar gewusst, dass wir umziehen würden, denn darüber hatten wir noch gesprochen, aber wir hatten bei der Besichtigung keine Fotos gemacht und ihnen somit auch nichts zeigen können. Aber was hatten wir für eine Wahl? Die alte Wohnung war gekündigt, der Mietvertrag für die neue Wohnung unterschrieben und die Schlüsselübergabe sollte schon in wenigen Tagen erfolgen. Ich dachte daran, was Harrys Großeltern uns erzählt hatten, als wir vor einigen Wochen bei ihnen gewesen waren. Zwei Tage vor der Flut war Ella bei ihnen zu Besuch gewesen und hatte einen Laufstall und eine lachende

Puppe mitgenommen. »Für Kaia«, hatte Harrys Oma gesagt. »Ella wollte während des Umzugs auf sie aufpassen.«

Es war ein eigenartiges Gefühl, als wir die Schlüssel zu dieser großen, sonnendurchfluteten Wohnung bekamen. Freudig und zugleich wehmütig. Beim ersten Gang durch unsere erste gemeinsame Wohnung waren Hans und Harrys bester Freund dabei gewesen und hatten alles aus handwerklicher Sicht begutachtet. Diesmal waren wir nur zu zweit, während meine Mama mit Kaia die Umgebung erkundete.

In den kommenden Tagen begannen wir, alles für den Umzug vorzubereiten. Während ich in der neuen Wohnung ein paar Wände strich, fragte ich mich, ob wir es uns hier eigentlich so schön machen durften. Ich wusste schließlich – spätestens seit Juli – dass Materielles keinen Wert hatte. Aber hieß das, dass man es sich nicht schön machen durfte? Dass man nicht schätzen durfte, was man hatte? Ich war dankbar für diese Wohnung, dafür, dass wir es uns schön machen konnten. Und ich wollte ja auch, dass wir nicht in einem dunklen Loch der Trauer verschwanden und das Leben nicht mehr schätzten. Sicherlich wollten das auch Ella und Hans nicht für uns. Ich kam zu dem Schluss: »Wir dürfen dankbar sein für das, was wir haben. Nur unser Herz sollten wir nicht an die Dinge hängen.«

Ein paar große Möbel durften schon umziehen, während viele unsortierte Kleinteile noch in der alten Wohnung darauf warteten, sortiert zu werden. Als der Tag des eigentlichen Umzugs kam und wir mit etlichen Helfern sowohl an der alten als auch an der neuen Wohnung zugange waren, fragte ich mich, ob ich jemals bei einem so unvorbereiteten Umzug dabei gewesen war. Es war mir fast peinlich, dass so viele Dinge noch sortiert und in Kisten untergebracht werden mussten, aber der Umzug war in der Planung der letzten Wochen einfach zu kurz gekommen.

Ich war mehr als dankbar, als ich abends von einer relativ leeren alten in eine übervolle, unsortierte neue Wohnung kam. Wir hatten es geschafft!

Beim Ausräumen und Einsortieren aller Gegenstände hatte ich oft Dinge in der Hand, die mich an Heppingen oder Ella, Hans und Franky erinnerten. Kaias Teller mit einem Bild aus dem Buch »Weißt du eigentlich, wie lieb ich dich habe?«, den Ella ihr geschenkt hatte, als sie sechs Monate alt wurde. Kaias Latz, den sie mit einem Klettverschluss repariert hatte, weil der Druckknopf abgefallen war. Harrys grüne Jogginghose, die nach Ellas Reparatur lila Taschen hatte. Das Gewürzgläschen unseres Currypulvers, das sie gelabelt hatte. Kaias Kuscheldinosaurier »Bronto«, den Franky ihr mit einem langen Brief zur Geburt geschenkt hatte und der sie beschützen sollte. Harrys Espressomaschine, die nur dank Hans und seinem Werkzeug für Harrys Kaffeezubereitung zu gebrauchen war. Und irgendwie fand ich Trost in dem Gedanken, dass ein paar Dinge von ihnen in unserer Zukunft Raum haben und uns durch den Alltag begleiten würden.

Kapitel 12

Nach unserem Umzug hatte Harry keine zwei vollen Arbeitswochen mehr, bevor für ihn zwei Monate Elternzeit starteten. Wir hatten diese Zeit am Anfang des Jahres mit dem Gedanken geplant, sie zum Reisen zu nutzen. Jetzt waren wir dankbar für die gewonnene freie Zeit, um weitere Dinge zu organisieren. Es musste noch ein Grabstein bestellt werden, den Versicherungen von Ella und Hans mussten wir noch die Sterbeurkunden zukommen lassen, ebenso wie ihr Konto kündigen, und wir wollten prüfen, welche von Frankys Angelegenheiten wir angehen konnten oder sogar mussten. Trotz aller bürokratischen Themen, die auf unserer To-do-Liste standen, hatten wir viel Zeit für Ausflüge, für Treffen mit Freunden und Familie, für uns als Familie, aber auch für uns allein und um weiterhin unseren ganz persönlichen Umgang mit der Trauer im Alltag zu finden. Während ich mich eher zurückzog, das Haus und Heppingen am liebsten komplett gemieden hätte, merkte ich, wie es Harry förmlich zum Haus zog – auch unabhängig von dem, was es zu tun gab und dass er sich zuständig für alles dort fühlte.

Es fiel mir schwer, nur auf mich zu achten, nur so zu handeln, dass es für mich gut war, und ich ließ mich häufig breitschlagen und fuhr mit ans Haus. Einerseits, weil ich Harry unterstützen und für ihn da sein wollte, und andererseits auch, weil ich das Gefühl hatte, dass gerade in der Anfangszeit nach der Flut so eine Distanz zwischen uns entstanden war, weil wir komplett unterschiedliche Leben geführt hatten – er am Haus und ich mit Kaia im Alltag als

Mutter. Ich wollte nicht, dass wir uns wieder voneinander entfernen, egal, wie unterschiedlich wir trauerten.

An einem kalten, regnerischen Oktobermittag machten wir uns auf den Weg nach Heppingen, und schon beim Einbiegen in die Einfahrt legte sich die Traurigkeit wie ein Schleier über mich. Ich erinnerte mich daran, wie es gewesen war, als Nala, Harrys Hündin, gestorben war, nachdem wir nach Bonn gezogen waren. Danach verschwand das Schiebetor in der Einfahrt, an dem wir sonst immer von ihr begrüßt worden waren. Danach hatte ich jedes Mal beim Einbiegen in die Einfahrt daran gedacht, dass mich nun kein Hund schwanzwedelnd begrüßen würde.

Ähnlich ging es mir jetzt. Sobald ich das zerstörte Haus sah, wurde mir sehr schmerzlich bewusst, dass Kaia nie mit Opa Hans durch den Garten wuseln, irgendwelche verrückten Dinge bauen oder von ihm Nürnberger Würstchen gegrillt bekommen würde, dass sie nie mit Oma Ella backen oder malen oder singen würde, dass sie nie mit Onkel Franky die Süßigkeiten testen würde, die Mama und Papa nicht erlaubt hatten, oder die lustigsten Filme von früher angucken würde. Dass sie nie einen Sommertag dort im Pool verbringen oder sehen würde, wie Oma Ella auf irgendeiner Feier zu »Sing Hallelujah« die Tanzfläche eroberte.

Weil Kaia schlief, blieb ich im Auto sitzen und beobachtete Harry, wie er allein die Einfahrt in Richtung Haus hinunterging. Es war das erste Mal, dass es nichts am Haus zu tun gab und er ohne eine Aufgabe dort Zeit allein verbringen konnte. Ich versuchte zu erfassen, was ich fühlte, während ich auf das Haus schaute. »Es fühlt sich wie Heimweh an«, dachte ich.

Als ich noch klein war, waren wir aus Süddeutschland in den Landkreis Ahrweiler gezogen. Wirklich lange hatte ich Heimweh gehabt und würde Ahrweiler als Ort auch heute nicht als Heimat bezeichnen. Früher hatte ich immer gedacht, ich würde das Haus, in dem wir in Süddeutschland gewohnt hatten, zurückkaufen und dort wieder einziehen, wenn ich groß wäre. Sehr lange konnte ich mich nicht mit dem Gedanken anfreunden, dass wir dort nicht mehr sein würden. Je älter ich wurde, desto mehr erkannte ich, dass ich nicht Heimweh nach einem Haus hatte, sondern dass ich mich entwurzelt fühlte, weil ich Bezugspersonen zurückließ und Bekanntes nicht mehr einfach mal eben erreichbar war. Wenn ich einen Rat von meinen Großeltern brauchte, dann konnte ich jederzeit anrufen. Ich konnte sie besuchen. Ich feierte sogar noch mal einen Geburtstag dort mit meinen Kindheitsfreunden. Aber die Flut konnte ich nicht einfach rückgängig machen. Ich konnte Ella und Hans nicht einfach mal eben anrufen oder schreiben, wenn ich etwas fragen oder erzählen wollte. Zwar konnte ich zum Haus zurückkehren oder an ihr Grab gehen, aber ich wusste: Dort waren sie auch nicht. Wenn ich verständlich beschreiben müsste, wie sich dieser Verlust für mich anfühlte, dann würde ich wohl das Heimweh anführen, das ich als Kind so schmerzhaft empfunden hatte. Auch wenn diese Situation jetzt eine ganz andere Tragweite hatte. Das Gefühl, hier zu Hause zu sein, war für immer vergangen.

Wie musste sich Harry erst fühlen? Ob es sich so anfühlte, als seien ihm seine Wurzeln entrissen worden? »Schließlich wäre er heute nicht die Person, die er ist, ohne seine Familie, ohne diesen Ort«, dachte ich. Ich saß still im Auto, hörte die leise Musik, die Harry angemacht hatte, und bemerkte erst jetzt, dass da gerade die letzten Töne von »Hold Your Hand« liefen. Danach erklang eine bedächtige Klaviermelodie durch die Autoboxen und ich erkannte das Lied sofort. Ich lauschte der ersten Strophe, bevor ich mit leiser, zittriger Stimme und einem riesigen Kloß im Hals mitsang. »And through it all, through it all, my eyes are on You. And through it all, through it all, it is well. And through it all, through it all, my eyes are on You. And it is well with me.«[8] Bis meine Stimme brach und ich begann zu weinen.

Meine Freundin hatte einmal bei einer Worship-Night die Geschichte hinter dem Original des Songs erzählt. Die Geschichte eines Mannes aus Chicago, der bei einem Schiffsunglück auf dem Atlantik seine vier Töchter verloren hatte, während seine Frau überlebt hatte. Aber anstatt Gott anzuklagen, schrieb er das Lied »When Peace Like a River (It Is Well with My Soul)«.[9] »So let go my soul and trust in him. The waves and wind still know His name«, klang die Stimme durch die Boxen. Drei Mal. Die deutsche Übersetzung des Originals, das wir im Gottesdienst oft sangen, kam mir in den Kopf: »Wenn Friede mit Gott meine Seele durchdringt, ob Stürme auch drohen von fern, mein Herze im Glauben doch allezeit singt: ›Mir ist wohl, mir ist wohl in dem Herrn.‹«[10] Kaum war das Lied vorbei, schaltete sich das Autoradio aus. Wir warteten wohl schon so lange auf Harry, dass das zur Schonung der Batterie nötig war. Ich dachte noch eine Weile über die Worte des Liedes nach: »Wenn Friede mit Gott meine Seele durchdringt … Wenn ich Frieden finde, Frieden schließe, dann kann ich, trotz allem, von Herzen sagen: It is well.« Und ich ergänzte Frankys Liedtext mit dem des Liedes, das danach kam: »If it means I can hold Your hand, it is well.«

Aber wer war ich, das zu sagen, zu fühlen oder auch nur zu denken? Ich hatte keinen Bruder und keine Schwester verloren. Keine Mutter. Keinen Vater. Kein Kind, kein Enkelkind. Keine Oma, keinen Opa. Keine Tante, keinen Onkel. Keine Nichte, keinen Neffen. Keinen Cousin und keine Cousine. Wir waren nicht blutsverwandt gewesen. Sie waren nur meine Schwiegereltern und mein Schwager gewesen … Als ich sah, dass Harry zurückkam, pausierte ich meinen Gedankengang. Er hatte ein paar Pullis von Franky unter dem Arm und sah aus, als hätte er geweint.

»Soll ich fahren?«, fragte ich, als er einstieg.

»Nein, alles gut«, antwortete er. »Es war gut, dass ich mal allein im Haus war und Zeit hatte, alles durchzugehen. Jetzt geht's mir besser.«

Wir fuhren die Strecke an der Ahr entlang in Richtung Rhein, wo wir Harrys Halbbruder einen Besuch abstatten wollten. Vorbei an Hans' Fundort. Aber diesmal warf mich der Gedanke daran nicht aus der Bahn. »It is well with my soul«, summte ich in Gedanken. Wer war ich, das zu denken? Ja, sie waren nur meine Schwiegereltern und mein Schwager. Aber das Wort »nur« davor war unangebracht. Ich hatte Menschen verloren, die ich lieb hatte. Mehr, als ich es ihnen gesagt habe, und vermutlich auch mehr, als ich ihnen zeigen konnte. Der Verwandtschaftsgrad spielte dabei aber keine Rolle. Nicht nur die Blutsverwandten mussten ihren Frieden und einen Weg mit ihrer Trauer finden.

Mein Handy blinkte auf und ich öffnete WhatsApp, um eine neue Nachricht in einer Gruppe zu lesen. Dort wurde vorgeschlagen, dass man die Gruppe ja jetzt einfach dafür nutzen könne, um Bilder von Hans, Ella und Franky und Gedanken der Trauer dort zu teilen. Sofort breitete sich Unbehagen in mir aus, das sich genauso anfühlte, wie wenn ich ans Haus dachte. »Nein, das ist nicht mein Weg. Das möchte ich nicht, das kann ich nicht«, dachte ich und verließ, ohne lange darüber nachzudenken, was andere deswegen denken oder fühlen könnten, die Gruppe. Ich musste mich abgrenzen, ansonsten würde ich nie weitermachen können.

Wir waren schon eine Weile bei meinem Schwager, saßen am Küchentisch und sprachen über Gott und die Welt, während Kaia die Katzen fasziniert beobachtete, als er das Gespräch auf die Rechnung vom Bestatter und die gefundenen Gegenstände, von denen der Bestatter berichtet hatte, lenkte. Harry und er beschlossen, die mehrfach verpackten Tüten, in denen wir Schlüsselbund, Hans' Klapphandy und etwas Kleingeld erwarteten, im Hof auszupacken. Der Bestatter hatte wohl extra darauf hingewiesen, dass sie aufgrund des Geruchs so oft verpackt waren. Ich beobachtete durch das Küchenfenster, wie Harry und sein Halbbruder die Tüten draußen vorsichtig und mit etwas Abstand öffneten. Aus einer Tüte zogen sie ein Handy. Harry hielt es zu mir gerichtet in die Luft und ich erkannte, dass es nicht Hans' Handy, sondern das rote von Ella war. Es waren also Ellas Sachen. Als Nächstes sah ich, dass sie einen Schlüssel herauszogen. Sie packten ihn nicht weiter aus, sondern widmeten sich dem restlichen Inhalt. Ich erwartete, dass sie ein paar Münzen ausschütten würden oder gar Ellas ganzes Portemonnaie darin wäre, aber Harry zog einen ganzen Batzen an Scheinen heraus. Ich sah, wie er und sein Halbbruder sich erstaunt ansahen und dann begannen zu zählen.

»Schätz mal, wie viel Geld da drin war«, forderte mich Harrys Halbbruder auf, als sie wieder reinkamen. »Keine Ahnung«, antwortete ich. »2000 Euro?«

»Ja, fast. 1700 Euro«, sagte Harry.

»Sie wollten also wirklich weg!«, dachte ich. So viel Geld packte man ja nicht ein, wenn man nur mal eben draußen schauen wollte, wie der Wasserstand war. Vielleicht waren sie extra noch einmal zurückgegangen, um Geld zu holen, waren dann wieder rausgegangen und wurden vom Wasser überrascht …

Ellas Geldbeutel wurde nicht gefunden. Vielleicht hatte sie sich auf der Ladefläche dieses Kleinlasters noch vorbereitet, Handy, Geld und Schlüssel ganz eng am Körper verstaut. Ob sie ihre Tasche dabeihatte?

»Puh, ja. Aber alle Vermutungen bringen uns ja nicht weiter«, sagte Harry gerade. Ich hatte das Gespräch gar nicht mitbekommen, das um mich herum geführt wurde.

Ein paar Tage später wurde mir ein Artikel vom Generalanzeiger geschickt. »Seit der Flutkatastrophe vermisste Frau tot in Rotterdam geborgen«, stand in der Überschrift und direkt darunter: »Die Zahl der Toten der Hochwasser-Katastrophe aus dem Ahrtal ist auf 134 gestiegen. Eine 60-Jährige aus Bad Neuenahr, die seit der Flut als vermisst galt, ist nun tot in Rotterdam gefunden worden.«[11] Ich las gar nicht weiter und öffnete die Seite mit den Vermisstenzahlen. Alle geborgenen Personen waren als identifiziert vermerkt. 134 Tote, 2 Vermisste.

»Franky ist einer der letzten beiden Vermissten«, sagte ich zu Harry, der gerade dabei war, alles vorzubereiten, da sich in wenigen Stunden ein paar Freunde und Cousins, die regelmäßig mit Franky Computerspiele spielten, bei uns einfinden sollten, um gemeinsam zu Frankys Ehren eine LAN-Party zu veranstalten.

»Wurde noch jemand gefunden?«, fragte er.

»Ja, in Rotterdam«, antwortete ich.

»In Rotterdam?«, fragte er ungläubig. »Weiß man wer? Es gibt in Heppingen wohl auch noch eine Vermisste.«

Ich schüttelte den Kopf. »Nein, da steht nicht viel mehr. Aber ich habe auch nicht den ganzen Artikel gelesen.«

Als Harrys Onkel Mitte Oktober Geburtstag hatte, kam Harry auf die Idee, ihm für das Kuchenbuffet Ellas Käsekuchen zu backen. Mit dem ersten Testkuchen, den er ein paar Tage zuvor das erste Mal gebacken hatte, war er noch nicht zufrieden. »Ich glaube, ich weiß aber, was ich anders machen muss«, sagte er am Morgen der Geburtstagsfeier und mengte bereits, mit Kaia als Beobachterin, alle Zutaten zusammen. Als wir nachmittags bei Harrys Onkel vor der Tür standen – Harry mit dem selbst gebackenen Käsekuchen, auf dem mit Streuseln die Zahl »41« stand – und er uns die Tür öffnete, fiel sein Blick direkt auf den Käsekuchen und ich sah, wie ihm die Tränen kamen.

»Oh, das wollte ich nicht bezwecken«, sagte Harry. »Ich dachte ein Käsekuchen gehört zu deinem Geburtstag.«

»Nein, nein, ich finde das schön«, entgegnete Harrys Onkel, immer noch mit Tränen in den Augen. »Ich habe es nur nicht erwartet.«

»Ellas Kuchen bringen wohl alle zum Weinen«, dachte ich.

Die wichtigsten Themen Harrys Eltern betreffend, die wir angehen konnten, waren bereits erledigt oder zumindest terminiert, und wir beschlossen, obwohl unser Ursprungsplan einer größeren Reise nicht mehr aufging, dennoch Urlaub zu machen. Den ersten Urlaub nur zu dritt. Wobei – so richtig zu dritt waren wir gar nicht, denn ich fand heraus, dass ich wieder schwanger war.

Einen Test machte ich nur auf Anraten meiner Freundin und Hebamme, nicht weil ich vermutete, wirklich schwanger zu sein.

Ich war mit meinen Emotionen überfordert, als auf dem Test sofort die zweite Linie klar ersichtlich war. In mir machte sich die Angst breit. Ich hatte Angst vor dem Tag, an dem wir der Familie sagen würden, dass ich schwanger war, aber Harrys Eltern und seinem Bruder nicht. Ich dachte an den Tag von Kaias Geburt, an dem Ella die erste Gratulantin gewesen war. Ich war traurig, dass dieses Kind nur ein Großelternpaar kennenlernen und das als normal empfinden würde. Warum konnte ich mich nicht einfach freuen, so wie ich es getan hatte, als ich herausgefunden hatte, dass ich mit Kaia schwanger gewesen war? Ich hielt Harry den Test vor die Nase und sah, wie sich ein Lächeln auf seinem Gesicht breitmachte: »Ich wusste es«, sagte er nur. Ich begann zu weinen und sagte unter Tränen: »Aber wir können es ihnen nicht mehr sagen.« Harry nahm mich in den Arm. »Sie wissen es doch eh. Vor allen anderen«, sagte er leise und doch völlig überzeugt. Und nach dem ersten Schock begann auch ich mich zu freuen und dieses Kind als das zu betrachten, was es war und ist: ein Geschenk des Himmels.

Der Winter auf Fuerteventura tat uns gut. Wir räumten uns, neben unserer Zeit als Familie, gegenseitig auch Zeit allein ein.

So verbrachte Harry ein paar Stunden am Pool, hörte Musik und schwamm, während ich mit Kaia am Strand spazierte oder den Spielplatz unsicher machte. Und andersherum durfte ich im Meer schwimmen, während Harry sich um Kaia kümmerte. Für mich war es das erste Mal im Meer nach der Flut. Und obwohl ich gerade die stürmischen Tage liebte, weil es mehr Wellen gab, hatte ich gleichzeitig auch noch mehr Respekt vor ihnen. Sobald ich das Wasser beiseitedrückte und dabei vorwärtskam, fühlte ich mich frei. Ich sinnierte beim Schwimmen und Tauchen über die Freiheit, dachte an Hawaii und den Tag, an dem ich mit meinem Bruder dort beim Speerfischen geschnorchelt hatte. Der Blick beim Tauchen nach oben, zur Wasseroberfläche, dort wo das Licht brach, war für mich an Vollkommenheit kaum zu übertreffen. Und plötzlich dachte ich wieder an ihre Nacht. Sie hatten kein Licht sehen können. Sie waren von vielen Gegenständen in dem dreckigen Wasser umgeben gewesen. Sie hatten keine Orientierung und keine Chance gehabt …

Ich tauchte auf. Diese Gedanken beklemmten mich. Es fühlte sich nicht mehr nach der Freiheit an, die ich sonst unter Wasser spürte. Meine Gedanken waren zu laut.

Als ich wieder im Zimmer angekommen war und mich mit meinem Handy auf den Balkon setzte, um noch ein paar Minuten allein zu sein, konnte ich meinen Augen kaum trauen. »Ella hat die Gruppe verlassen«, stand da als neuste Mitteilung in jeder der WhatsApp-Gruppen, in denen sie Mitglied gewesen war. Irgendwie gruselig, obwohl ich wusste, dass WhatsApp inaktive Nutzer nach einer gewissen Zeit löschte. »Hans hat die Gruppe verlassen.«

Erst ein paar Tage später kam auch die Meldung, dass Franky die Gruppe verlassen hatte.

Noch während wir im Urlaub waren, erhielt Harry einige Medienanfragen. Ein BILD-Reporter war besonders hartnäckig und schrieb ihm auf sämtlichen Social-Media-Plattformen, auf denen Harry angemeldet war, inklusive LinkedIn. »Ich verstehe das nicht«, sagte Harry. »Wenn man nicht antwortet, dann hat man offensichtlich kein Interesse. Da muss man doch nicht überall anders auch noch schreiben.« Auch ein WDR-Journalist fragte ihn an, ob er bei einem Jahresrückblick mit weiteren Betroffenen und Helfern bereit war, auf der Bühne sein Erleben zu schildern. Der Termin sollte auf Kaias Geburtstag fallen, sodass er seine Halbbrüder fragte, ob einer von ihnen Interesse hatte, dort teilzunehmen.

Die Anfrage einer Journalistin bezog sich auf Franky und die Tatsache, dass ein freiwilliger Helfer mit einem Silberfuchs, der durch seine feine Nase wie ein Spürhund eingesetzt werden konnte, verschiedene Gebiete abgehen wollte, um nach Vermissten zu suchen, unter anderem ein Naturschutzgebiet, das aus diesen Gründen noch nicht von den angespülten Dingen der Flut befreit worden war. Das schwere Gerät, das für die Räumung benötigt worden wäre, durfte dort aufgrund des Naturschutzes nicht verwendet werden.

Harry überlegte lange, ob er der Journalistin zusagen sollte, und erklärte sich schließlich zu einem Telefonat bereit.

»Das war jetzt scheinbar schon das Interview«, sagte Harry, nachdem er mit Blick auf das Meer über eine halbe Stunde telefoniert hatte. »Ich dachte irgendwie, dass es erst mal ein Vorgespräch ist.«

»Und wie fühlst du dich?«, fragte ich.

»Irgendwie erleichtert«, antwortete Harry. »Ich glaube, es war gut, mit jemandem Unbeteiligten darüber zu sprechen.«

Er erzählte, worum es der Journalistin ging, dass sie einen Artikel plante, der darauf aufmerksam machen sollte, dass es immer noch ungeräumte Gebiete gab. Sie hoffte, dass durch mediale Aufmerksamkeit doch noch dort gesucht und im besten Fall ein Vermisster gefunden werden würde. Aber wollten wir, dass Franky gefunden wird? Wollten wir ihn noch mal beerdigen? Noch mal alles aufarbeiten? Oder wollten wir einfach daran glauben, dass er frei war?

Ich traute mich nicht, Harry darauf anzusprechen, was er sich davon erhoffte, doch nach einer kurzen Pause sagte er: »Ich bin mir nicht sicher, ob ich möchte, dass Franky gefunden wird. Nach der langen Zeit. Auch wenn es bürokratisch bestimmt einiges einfacher machen würde, aber emotional ist es so vielleicht auch nicht einfacher. Noch mal alles von vorne durchzuleben.«

Ja, glaubte man dem, was wir als Laien im Verschollenheitsgesetz verstanden, dann war es auf jeden Fall einfacher. Ich googelte und begann erneut zu lesen.

»§ 1

Verschollen ist, wessen Aufenthalt während längerer Zeit unbekannt ist, ohne daß Nachrichten darüber vorliegen, ob er in dieser Zeit noch gelebt hat oder gestorben ist, sofern nach den Umständen hierdurch ernstliche Zweifel an seinem Fortleben begründet sind.

Verschollen ist nicht, wessen Tod nach den Umständen nicht zweifelhaft ist.

... § 3

Die Todeserklärung ist zulässig, wenn seit dem Ende des Jahres, in dem der Verschollene nach den vorhandenen Nachrichten noch gelebt hat, zehn Jahre oder, wenn der Verschollene zur Zeit der Todeserklärung das achtzigste Lebensjahr vollendet hätte, fünf Jahre verstrichen sind.

Vor dem Ende des Jahres, in dem der Verschollene das fünfundzwanzigste Lebensjahr vollendet hätte, darf er nach Absatz 1 nicht für tot erklärt werden.«[12]

§ 3, Absatz 2. Ich hatte diese Worte schon so oft gelesen. Franky war zweiundzwanzig. Danach könnten wir ihn erst 2025 für tot erklären. Bürokratisch wäre das wirklich deutlich komplizierter, als ihn zu finden.

Die ersten Male sind besonders. Das sah ich an Kaia jeden Tag. Der erste Dezember war für Harry nicht nur einfach irgendein Geburtstag. Es war der erste als Papa und gleichzeitig auch der erste ohne seine Eltern und seinen Bruder. Der folgende Sommer würde für ihn der erste ohne Poolparty im Garten seiner Eltern, der erste ohne Beerenernte und der erste ohne selbst geernteten »Zwiebellauch«, wie die Frühlingszwiebeln im Hause Neufeld hießen, sein. Harry saß auf dem Balkon und öffnete sein digitales Fotoalbum zu seinem Geburtstag im vergangenen Jahr. In Zeiten des Corona-Lockdowns war eine große Party zum dreißigsten Geburtstag leider nicht erlaubt gewesen, aber ich hatte ihm ein Video mit all den Geburtstagswünschen seiner liebsten Menschen zusammengestellt. Franky war sich nicht sicher gewesen, ob er es schaffen würde, mit seinen Eltern zusammen ein Video zu drehen. Umso dankbarer war ich, dass es geklappt hatte und Harry sich heute das Video von letztem Jahr angucken konnte. Bereits als er ihre Gesichter auf dem Bildschirm sah, brach er in Tränen aus und schluchzte durch das ganze Video hindurch, bevor er es sich wieder und wieder anschaute. »Ich bin so glücklich, dass ich das habe«, sagte er lächelnd, aber immer noch unter Tränen. »Jetzt hast du ein Video von der alten Familie Neufeld«, hörte ich Hans sagen. »Die alte Familie Neufeld, nichts mehr als eine Erinnerung«, dachte ich traurig. Die Co-Existenz von so unterschiedlichen Gefühlen war hart zu ertragen. Freude und Leid, sie überlappten sich.

Nur wenige Tage nach unserer Landung in Deutschland befanden wir uns wieder auf dem Weg in Richtung Heppingen. Harry wollte etwas wegen der Wasserleitungen kontrollieren. Wir schlugen den längeren Weg durchs Ahrtal ein, durch Dernau, vorbei an einem völlig kaputten, aber bunt bemalten Haus. Wir mussten kurz warten, da jemand auf der Straße wendete, sodass ich einige Sekunden Zeit hatte, um die Kunstwerke an diesem Haus genauer zu betrachten. Vorne fielen mir drei Sonnenblumen auf, etwas darüber ein paar Wellen und darunter der Verweis auf Jesaja 43,2. Ich tippte in mein Handy und fand den entsprechenden Vers: *»Wenn du durch tiefes Wasser oder reißende Ströme gehen musst – ich bin bei dir, du wirst nicht ertrinken.« Ich bin bei dir. Du wirst nicht ertrinken?* Im Ernst?

Wir fuhren weiter. Ich war dankbar, nicht in Ahrweiler zu wohnen und täglich mit der Zerstörung konfrontiert zu werden. An einer Stelle blickte ich noch immer nach rechts, um zu sehen, ob jemand über die Brücke kam – die Brücke, die es nicht mehr gab. Wie musste es wohl den Nachbarn von Harrys Eltern gehen, die jeden Tag das kaputte Haus sahen?

Als wir in Heppingen angekommen waren, bemerkte ich, dass die Nachbarn in der anderen Doppelhaushälfte bereits wieder dort wohnten. Das Licht schien grell durch die Fenster und der Kontrast zwischen den Häusern wirkte durch den frischen Anstrich des einen noch viel krasser als je zuvor. Während ich auf Harry wartete, kam ich in Gedanken wieder zum Vers auf dem bunten Haus. »Wenn du durch Wasser oder reißende Ströme gehen musst – ich bin bei dir.« Auch wenn der Satz danach noch weiterging. Für mich war das in dem Moment Trost genug. Sie waren nicht allein in der Situation gewesen. Gott war bei ihnen.

An einem Abend Mitte Dezember schauten Harry und ich den Jahresrückblick des Journalisten vom WDR an, der am Geburtstag von Kaia stattfand und bei dem Harrys Halbbruder zu Wort kam. Er berichtete von dem Tag der Flut aus seiner Sicht, vom Vorabend, von der Zeit danach und stellte in einem Nebensatz klar, dass Ella seine Stiefmutter und Franky sein Halbbruder war, und schob direkt hinterher: »Aber es gibt keine halbe Liebe!« Vielleicht war ich in dieser Zeit sowieso emotionaler als sonst – ob durch Schwangerschaftshormone oder den Gedanken daran, dass Kaias erster Geburtstag gleichzeitig auch der erste ohne ihre Großeltern war – aber dieser simple Satz brachte mich direkt zum Weinen. Ich war so gerührt, so traurig und gleichzeitig so glücklich über diese Liebe zu seinen Halbbrüdern, zu Franky und auch zu Harry. Harry hatte zwar seine Familie verloren, aber er hatte so eine wunderbare Bindung zu seinen Halbbrüdern geschenkt bekommen.

Am Ende des Jahres ließen wir wie jedes Jahr Revue passieren, was unser Jahr besonders geprägt hatte. Die Antwort war klar: die Flut. Aber nicht nur die negativen Dinge kamen uns in den Sinn, sondern auch das Positive: die Hilfsbereitschaft, die Liebe, die wir von den Menschen um uns herum erlebten. Mit einem Text bedankten wir uns bei Freunden und Familie – während wir den Silvesterabend mit Harrys Halbbrüdern verbrachten – und schlossen mit dem Jahr 2021 Frieden:

»2021 war zweifellos das schwerste und paradoxerweise auch eins der schönsten Jahre für uns. Und beim Rückblick am Jahresende ist uns eins besonders wichtig geworden: nämlich Danke zu sagen!

Denn wenn wir eins gelernt haben dieses Jahr, dann ist es, dass man den Menschen um sich herum auch einfach mal sagt, wie lieb man sie hat, und es nicht aufschiebt.

Danke für jede Umarmung, jedes tröstende Wort und offene Ohr, für jeden Gedanken an uns, von nah und fern. Für jede helfende Hand, ganz egal, ob am Haus, zu Hause oder bei der Beerdigung. Für jede Begleitung, jedes Gebet, jedes Mittragen. Für die Versorgung mit Einkäufen, Essen, für Kaffee und Kuchen. Für Fahrdienste, Kinderbespaßung, Kochservice, Verpflegung an der Baustelle, für (geliehene) Arbeitskleidung und Werkzeuge und die ›einfache‹ Nachfrage: ›Wie geht es euch?‹ Danke für jeden guten Ratschlag.

Für die Hilfe beim Trocknen und Sortieren von Unterlagen und Fotos. Für jede kleine Ablenkung im ›Alltag‹, für die Einladung ans Meer. Für Blumen, kleine Aufmerksamkeiten, die uns wissen ließen, dass (immer noch) an uns gedacht wird. Für jede finanzielle Unterstützung, für das Selektieren und Teilen von relevanten Infos. Danke, dass ihr uns den Rücken freigehalten und gestärkt habt, danke fürs Dasein. Wir schätzen uns so glücklich, so krasse Menschen zu kennen. Menschen mit Berufen und Fähigkeiten, die an jeder Baustelle oder in jedem Dokumentenchaos gebraucht werden können. Menschen mit so guten Herzen, die einfach da sind, egal wann und wo sie gebraucht werden.

Und auch wenn es für euch vielleicht selbstverständlich (gewesen) sein mag, Feierabend, Urlaubstage, Wochenenden und einfach eure Zeit für uns zu ›opfern‹ oder in uns zu investieren. Für uns war und ist das wertvoller, als ihr es je erahnen könnt, und unsere Herzen sind so voller Dankbarkeit für all die Hilfe und Liebe, die wir dieses Jahr (trotz oder gerade auch durch all den Schmerz) erfahren durften. Ihr seid unser Highlight dieses Jahr!«

Kapitel 13

Das Feuerwerk färbte den dunklen Nachthimmel über Bonn in den buntesten Farben. Ich sah die glücklichen Gesichter von Harry, seinen Halbbrüdern und deren Frauen und fühlte mich mit einem Schlag so viel leichter. Und mit jeder Rakete, die in den Himmel schoss und in einem Lichterregen wieder hinabstürzte, realisierte ich mehr, dass es nicht nur ein neues Jahr, ein Neuanfang war, sondern auch ein Abschluss. 2021 war vorbei. Für immer vergangen.

Anfang Januar war ich für einen Tag mit Kaia und meiner Mutter bei meinem Onkel und meiner Tante zu Besuch. Meine Oma wohnte seit Kurzem dort in der Nähe in einer Pflegeeinrichtung. Die Corona-Regelungen des Hauses erlaubten keine Kinder unter sechs Jahren in der Einrichtung, was es mir mit Kaia natürlich schwer machte, sie einfach zu besuchen, sodass wir sie an dem Tag abholten und mit ihr den Nachmittag bei ihrem Sohn verbrachten. Es war ein schöner Tag, einer, der geprägt war von Omas Lachen, während sie ihre Urenkelin zu »Hoppe Reiter« auf dem Schoß wippte. Ein Tag voller Leben. Oma wirkte an diesem Tag so voller Energie auf mich – auch wenn sie müder war als noch vor ein paar Monaten und obwohl ich wusste und zweifellos sehen konnte, dass sie körperlich abbaute und einige Leiden hatte – und ich war erstaunt über die Kraft, die sie aufbrachte, um so mit Kaia zu spielen.

Abends fuhren wir sie wieder zurück. Sie saß neben mir auf dem Beifahrersitz und ich bemerkte beim Fahren, wie oft sie voller Stolz zu mir herüberblickte. Ich hoffte, dass wir uns noch mal sehen würden und dennoch verabschiedete ich mich so, als wäre es das letzte Mal. So wie ich mich auch schon an unseren letzten Treffen von ihr verabschiedet hatte. Ich umarmte sie lange, sagte ihr, wie lieb ich sie habe, wie schön ich den Tag fand und wie dankbar ich ihr für alles war. Als sie mit meiner Mama über die Rampe ins Haus zurückging, versuchte ich, den riesigen Kloß in meinem Hals herunterzuschlucken. Ich wollte nicht, dass es die letzte Verabschiedung gewesen war.

Wenige Wochen später war ich mit Kaia auf dem Weg zu einer guten Freundin, die in der Nähe von Koblenz wohnte. Als wir aufbrachen, schien die Sonne, doch schon vor Ahrweiler, das auf der Strecke lag, verdichteten sich die Wolken und hüllten nicht nur die Straße, sondern auch das ganze Tal in einen dichten Nebel. Ich versank in Gedanken und dachte beim Fahren darüber nach, wie lange die Flut nun schon zurücklag: sieben Monate. Genauso lange, wie Kaia zum Zeitpunkt der Flut alt gewesen war. Kaia war nun schon die Hälfte ihres bisherigen Lebens ohne Franky, Oma Ella und Opa Hans. In den letzten sieben Monaten hatte sich viel getan. Kaia hatte gelernt zu laufen, sie sprach schon ein paar Worte, sie hatte deutlich mehr Zähne, und ihre Augenfarbe hatte sich seitdem verändert. Sie würde sich nicht an ihre Großeltern erinnern und ich merkte, wie sich die Traurigkeit wie ein Nebel auch über meine Gedanken legen wollte.

Doch genau in dem Moment brachen vor mir die Wolken auf und boten mir einen überwältigenden Anblick. Als ich auf die Ahrtalbrücke fuhr, sah ich im Rückspiegel eine Wolkenfront. Auch zu meinen Seiten hatten sich die Wolken wie eine Decke über das Tal gelegt, und am anderen Ende der Brücke versperrte eine große Wolke wie eine weiße, fluffige Wand den Blick auf die Straße. Nur von der Brücke aus konnte man den strahlend blauen Himmel wahrnehmen, bevor es wieder in den Dunst ging. Als ich meinen Blick nach links richtete, kam es mir vor, als würde die weiße Kapelle auf der Landskrone von der Sonne angestrahlt auf der Wolke stehen, die das gesamte Tal ausfüllte. Und als ich die leichte Steigung am Ende der Talbrücke nach oben auf die Wolken zufuhr, da hatte ich fast das Gefühl, ich hätte dem Himmel einen kurzen Besuch abgestattet. Es war genau die Stelle, an der ich beim Vorbeifahren immer an Hans, Ella und Franky dachte. »Was für ein Zufall«, murmelte ich und schmunzelte im selben Moment. Ich glaube nicht an Zufälle.

Es war warm für einen Tag Anfang März, als ich mich auf den Weg zur Seelsorge in der Nähe machte. Bis zu diesem Zeitpunkt hatte ich noch keines der vielen psychologischen Hilfsangebote für Flutbetroffene in Anspruch genommen, vielleicht auch, weil ich mich selbst nicht als direkt Betroffene wahrnahm. Nun wollte ich aber gerne einfach einmal mit jemandem Unbeteiligten, jemandem, der mich nicht kannte oder der Situation neutral gegenüberstand, darüber sprechen, wie es mir gerade ging, auch wenn all die Gespräche mit Freunden und Familienangehörigen mir auch halfen, den eigenen Umgang mit der Situation immer wieder neu zu hinterfragen. Ich hatte nicht das Gefühl, als bräuchte ich Unterstützung bei der Trauerbewältigung oder als sollte ich eine Traumatherapie in Anspruch nehmen, aber dennoch wollte ich meine Gedanken und Gefühle äußern und eine neutrale Einschätzung einholen. Denn ich wollte nicht, dass meine Kinder von einem mir nicht bewussten Trauma, das sich im Alltag sicher früher oder später äußern würde, einen Schaden davontragen könnten. Es war ein sehr gutes Gespräch, ich fühlte mich wohl und nicht beurteilt oder bemitleidet. Und als ich danach nach Hause fuhr, war ich schon fast beflügelt. Besonders ein Bild sollte mich ab diesem Tag begleiten.

»Wenn dein Leben ein Haus wäre und all deine Gefühle und Emotionen hätten jeweils einen eigenen Raum, wie würde dieses Haus aussehen?«, fragte die Seelsorgerin. Ich musste einen Moment überlegen, stellte mir vor meinem inneren Auge ein helles, lichtdurchflutetes Haus vor. Ich beschrieb ihr ein paar Emotionen, die in meinem Lebenshaus ein Zimmer hatten, und kam schließlich auch auf die Trauer zu sprechen. »Wie würde dein Raum für die Trauer aussehen?« Der Raum für die Trauer. Ein Raum. Kein Trauerhaus. Nur ein Raum. Ich überlegte wieder und antwortete schließlich: »Er wäre gemütlich, sodass man gerne hineingeht. Aber vor allem auch ganz hell und mit einem bodentiefen, großen Fenster.«

»Mit einem Fenster?«, fragte sie fast irritiert.

»Ja«, antwortete ich. »Damit man auch noch etwas vom Leben draußen mitbekommt und nicht nur in der Trauer verschwindet, sondern sieht, wie draußen alles wächst und gedeiht, Menschen auf der Straße sieht und einfach irgendwie Teil des Lebens ist, das um einen herum passiert.«

»Und wäre die Tür zum Zimmer immer zu?«, fragte sie weiter.

»Hm«, machte ich. »Nein, ich glaube, die wäre offen. Sonst wäre mir das wieder zu eingeschlossen.«

Dieses Bild half mir, mir all meine Gefühle, die nebeneinander und teilweise übereinander existierten, in einem Haus vorzustellen. Es machte all das, was ich erlebte, greifbarer. Mein Trauerraum war ein Bild dafür, wie ich Trauer definierte. Ich wollte nicht in einem dunklen Kämmerlein sitzen und trauern. Ich wollte die Trauer annehmen als Teil, der dazugehört, der aber nicht bedeutet, dass alles andere pausiert. All das funktionierte nicht für mich. Und es half mir auch, mit einigen durchaus gut gemeinten Kommentaren umzugehen. Nur weil ich anderen meine Trauer nicht zeigte, war sie dennoch nicht weg. Oder um im Bild zu bleiben: Nur weil ich anderen meinen Trauerraum nicht zeigte oder selbst gerade nicht viel Zeit in ihm verbrachte, hieß das nicht, dass der Raum weg war. Manche Räume werden eben zu manchen Zeiten mehr und zu anderen weniger genutzt. Das machte mir Hoffnung und ermutigte mich, dass es okay war, glücklich zu sein und keine Therapie zu brauchen – ganz egal, was andere davon halten könnten.

Ende März 2022 starb meine Oma. Meine Mutter und mein Onkel waren bei ihr, als sie ihren letzten Atemzug tat. Am Abend vorher informierte Mama mich darüber, dass sie wohl bald sterben würde, und ich überlegte, ob es irgendeine Möglichkeit gab, ohne Kaia zu ihr zu fahren und sie ein letztes Mal zu sehen, denn ich hatte sie seit unserer Begegnung im Januar nicht mehr besucht. Ich dachte an den Tag und unsere Verabschiedung und beschloss, nicht mehr zu ihr zu fahren – es hätte sich mit Sicherheit eine Möglichkeit gefunden – und sie so voller Leben und Freude in Erinnerung zu behalten, wie ich sie Anfang Januar noch erlebt hatte. Die ersten Male feiert man, die letzten Male vergehen still. Ich dachte aber auch darüber nach, dass es befreiend sein konnte, wenn man lebte, als wäre alles das letzte Mal. Als wäre es das letzte Wort, der letzte Abschied, die letzte Umarmung. Ich hatte ihr alles gesagt, was mir wichtig war, sie wusste, wie lieb ich sie hatte, und ich wusste, ich musste sie gehen lassen, aber ich konnte sie auch loslassen. Weil alles vergeben war, wenn es etwas zu vergeben gab, weil alles ausgesprochen war. Und in dem Moment wünschte ich mir kurz, dass ich so auch über Harrys Eltern und Franky sprechen könnte.

Ich schlug das Kalenderblatt für April auf und ein Satz sprang mir förmlich ins Gesicht: »Während ich warte, stärkt Gott mein Herz.« Ich las ihn mit gemischten Gefühlen.

Ja, ich wartete, erwartete ein Kind, und es galt, in den letzten zwei Monaten der Schwangerschaft noch einige Vorbereitungen zu treffen, aber dennoch war es ein Warten mit Vorfreude. Aber dann gab es da noch eine andere Art des Wartens in meinem Leben. Franky war immer noch vermisst und trotz der Gewissheit über Harrys Eltern konnten viele Dinge nicht geklärt werden, auch nicht das Erbe, denn Franky, als einer der Erben, konnte weder etwas annehmen noch abtreten oder ausschlagen. Wir wussten, dass es möglicherweise die Chance gab, nach einem Jahr einen Antrag zu stellen, damit Franky für tot erklärt werden konnte, aber bis dahin konnten wir nichts weiter tun. Wir mussten »einfach« warten. Und dieses Warten forderte mich so sehr heraus. Im Moment des Wartens fühlte ich mich hilflos und fremdbestimmt. Und vielleicht würde er ja doch noch irgendwo gefunden werden. Ich wartete und kam mir in der Zeit zurückversetzt vor. Zurück zu einem Zeitpunkt, bevor die Kriminalpolizei bei uns zu Hause war. Ich wartete und erwartete schlechte Neuigkeiten. Und obwohl mein Leben in allen anderen Bereichen mehr als nur gut war, lag all das wie eine Wolke über mir. Es beeinflusste jeden Tag.

Ich versuchte den Kalenderspruch als Zuspruch zu lesen und erinnerte mich immer wieder in den folgenden Wochen daran, wenn ich das Gefühl hatte, dass meine schönen Erlebnisse und Emotionen von dieser Schlechtwetterwolke bedeckt wurden: »In dieser Zeit des Wartens möchte Gott dein Herz stärken. Du sollst gestärkt aus dieser Zeit herausgehen.«

Am letzten Freitag im April erreichte mich über verschiedene Wege die Nachfrage, ob es stimmen würde, dass Franky gefunden worden sei. Auf Facebook gab es wohl in einigen Gruppen mit Fluthelfern und Betroffenen, in denen auch Vermisstenaufrufe kurz nach der Flut geteilt wurden, die Mitteilung darüber, dass jemand in einem Keller in Bad Neuenahr gefunden worden sei, und Vermutungen darüber, dass es Franky sein müsse. Mein Herz setzte einen Schlag aus. Konnte das sein? Neun Monate nach der Flut?

In einem Keller? Flussaufwärts? »Vielleicht gab es ja vor der Welle eine Strömung, die ihn nach hinten gezogen hatte, flussaufwärts«, dachte ich. »Immerhin gab es einige Straßen, die schon zu Bad Neuenahr zählten und nicht allzu weit vom Haus entfernt waren.« Doch dann bekam ich eine Antwort auf meine Frage, wo genau in Bad Neuenahr derjenige denn gefunden worden war. Ich kannte die Straße. Sie war mitten im Zentrum von Bad Neuenahr, weiter weg von der Ahr selbst und vor allem auch weiter weg von Heppingen. Das konnte nicht sein! Ich versuchte Harry gar nicht erst zu beunruhigen und antwortete allen, dass es nicht sein konnte und dass dieses Gerücht doch bitte nicht weiter gestreut werden solle, als Harry die Nachricht einer Journalistin erhielt mit ebendieser Nachfrage.

Musste das sein? Musste man bei einem solchen Gerücht direkt die Familienangehörigen belästigen? Ich empfand das allgemeine Interesse mittlerweile wirklich mehr als Belästigung. Wenn er gefunden werden würde, dann würde Harry das schon selbst zu kommunizieren wissen …

Franky hatte immer am ersten Mai seinen Geburtstag gefeiert. Es kam ihm zugute, dass sein Geburtstag auf einen Feiertag fiel, denn er konnte sowohl am Vorabend reinfeiern als auch am Tag selbst noch Gäste einladen. Und auch dieses Jahr hatten sich einige aus der Familie den Tag freigehalten, um im Garten in Heppingen zu grillen und zu picknicken. Harry wollte auch dort den Tag verbringen, nicht zuletzt, weil er sich zuständig fürs Grillen fühlte und seine Onkel und Tanten sowie Großeltern planten, dort zu sein. In mir sträubte sich alles gegen diese »Feierlichkeit«. Franky war nicht mehr da. Ich wollte diesen Abschluss, brauchte diesen Abschluss. Ich wollte nicht Geburtstag feiern. Mir war nicht nach Feiern zumute, vor allem nicht ohne Geburtstagskind und in diesem kaputten Umfeld. Aber ich brachte es auch nicht übers Herz,

Harry allein fahren zu lassen. Der Tag verlangte mir einiges ab. Nicht nur das Umfeld machte mir zu schaffen, sondern auch diese melancholische Stimmung. »Happy birthday in heaven«, teilten einige Verwandte von Harry ihre Traurigkeit, heute nicht mit Franky zu feiern, per Textnachrichten oder Status mit. Ich dachte auch an Franky, erinnerte mich an ihn. Aber ich wollte meine Gedanken nicht mitteilen und merkte, wie schwer es mir fiel, einen anderen Umgang einfach stehen zu lassen. »Du solltest hier sein, Franky«, dachte ich. Geschwister von Ella spielten mit ihren Enkeln, spazierten mit dem Kinderwagen umher, und ich sah Kaia an, die auf den Treppen zur Terrasse saß und das Treiben um sich herum betrachtete. Sie sollte auch mit ihren Großeltern spielen können. Diese ganze Situation, dieser ganze Tag, machte es mir schwer, den Abschluss, den ich für mich schon gefunden hatte, auch wirklich Abschluss sein zu lassen. Immer wieder öffnete ich eine kleine Tür und schritt über eine mir gesetzte Grenze. Für Harry. Für meine Tochter. Weil ich selbst nicht für mich und meinen Weg einstand, der so anders war als Harrys Weg.

Am nächsten Morgen hatte ich einen Vorsorgetermin bei meinen Hebammen, bei denen nicht nur nach dem Kind in meinem Bauch, sondern auch nach mir geschaut wurde. »Der Puls vom Kind ist ganz schön hoch«, sagte die Hebamme. »Das beobachten wir noch ein paar Minuten. Deiner war auch höher als sonst.« Und als sich auch eine Weile später nichts daran geändert hatte, fragte sie: »Hattest du in letzter Zeit viel Stress oder etwas, das dich sehr beschäftigt hat? Das äußert sich manchmal auch so.« Ich dachte sofort an den Tag zuvor und erzählte ihr davon und auch, wie schwer es mir fiel, Grenzen zu setzen, selbst wenn ich wusste, dass es mir nicht guttut. »Das kann ich verstehen«, sagte sie mitfühlend. »Aber du bist nicht nur Ehefrau, du bist auch Mutter und Mensch. Du kannst nicht allen ›Anforderungen‹ gerecht werden, selbst wenn es die nur in deinem Kopf gibt. Du musst jetzt gerade ganz besonders auf dich achten. Für dich und für dein Baby!«

Sie musterte mich eindringlich und ich verstand ihre Ansprache. Ich wusste ja selbst, dass ich mich zwischen all den Rollen erst wiederfinden musste, und meinen Umgang, wenn ich ihn für mich schon gefunden hatte, auch praktizieren musste. Es ist einfacher, sich abzugrenzen und zu distanzieren, wenn man mit der Trauer einer fremden Person nicht d'accord ist. Aber wie macht man das, wenn der Partner ganz anders mit Trauer umgeht als man selbst und ganz anders betroffen ist? Man kann nicht einfach die Augen verschließen, und spätestens wenn Kinder im Spiel sind, kann man sich auch nicht für eine gewisse Zeit davon abgrenzen. Man muss lernen, einen Umgang damit zu finden. Man kann den Kontakt nicht einfach auf Eis legen, weil man merkt, dass der Umgang oder die Person einem gerade nicht guttut. Man muss eine Lösung finden, sich damit auseinandersetzen, und den anderen dennoch auch einfach »sein« lassen. Ich erzählte Harry abends in Ruhe von dem Termin und erzählte ihm zum ersten Mal wirklich von meinen Gefühlen. Bisher hatte ich das aus Rücksicht auf Harry und seinen Trauerprozess immer vermieden. Neun Monate lang. Es war wichtig für mich, so klar mit ihm darüber zu sprechen, und es tat gut, dass er all das aufnahm, aber auch so stehen lassen konnte. Ich war dankbar dafür, dass keiner von uns den anderen verurteilte oder die Gefühle negierte.

Mitte Mai waren wir unter anderem auch für die Beerdigung meiner Oma eine Woche im Süden Deutschlands. Als wir an einem Abend an ihrem Haus vorbeifuhren und nicht wie sonst Lichter zu sehen waren, musste ich an Heppingen denken. Es tat so weh, dass sich dort nichts änderte. In bewohnten Häusern wurde zu den Jahreszeiten dekoriert, es brannten Lichter. Man sah die Veränderung, aber dort tat sich einfach nichts. Das Haus war für mich in dem Zustand wie eine Art Mahnmal. Eine schmerzliche Erinnerung daran, dass diejenigen, die dort gelebt hatten, einfach nicht mehr da waren und dass das Leben jederzeit ganz plötzlich vorbei sein konnte.

In der Kapelle am Friedhof saßen schon einige Menschen, als wir ankamen. Der Pfarrer, der die Predigt hielt, sah Kaia und kam auf uns zu. Ich vermutete, dass er uns sagen würde, wohin wir gehen konnten, sollte Kaia unruhig werden, damit wir dennoch etwas von der Ansprache mitbekamen, aber er sagte: »Bitte bleiben Sie ruhig im Saal, auch wenn die Kleine ein bisschen quengelt. Es ist schön, wenn ein bisschen Leben da ist, gerade bei so einem Anlass. Ich kannte die Dame und glaube, das würde ihr sicherlich gefallen.«

Ja, da war ich mir sicher. Das hätte meiner Oma sicherlich gefallen. Sie hatte Kaia geliebt. Und irgendwie hatte er recht. Ich hatte Friedhöfe bislang nur als den trostlosen Ort betrachtet, den ich wahrnahm, und wollte nicht, dass Kaia dort Zeit verbrachte. Aber andersherum betrachtet war es wirklich eine schöne Vorstellung, das Leben genau zu diesem Ort zu bringen. Hierhin, wo der Körper die letzte Ruhe findet und die Seele schon ein Fest im Himmel feiert. »Das ist ungefähr so, wie in einem Trauerraum ein riesiges Fenster nach draußen zu haben«, dachte ich schmunzelnd.

Der Juni und damit der Geburtsmonat unseres zweiten Kindes stand schon vor der Tür, aber es gab am Haus noch immer Dinge zu erledigen. Freunde hatten jemanden mit einem Radlader organisiert, der den Schutt vor dem Haus aufnehmen und auf Anhänger umladen konnte, damit Harry diese endlich zur Wertstoffanlage bringen konnte. Zudem meldeten sich wieder einige Versicherungen oder es waren Rechnungen, Mahnungen und weitere Unterlagen zu sichten, zu prüfen und Kontakt mit den entsprechenden Unternehmen oder Behörden aufzunehmen, um über den aktuellen Stand im Erbfall zu informieren, der immer noch lautete: »Franky wird vermisst. Wir warten noch.«

Der errechnete Geburtstermin unseres zweiten Kindes war genau zwei Tage nach dem Geburtstag von Harrys Mama. Dem Geburtstag, an dem sie 60 Jahre alt geworden wäre. Dem ersten Geburtstag, den sie nicht mehr auf dieser Erde feierte. Irgendwie lag das wie ein Schatten über der Schwangerschaft. Es gab einige, die hofften, dass dieses Kind am 11. Juni auf die Welt kommen würde. Vielleicht auch als ein Art Zeichen, als ein »Stück Ella«, das zurückkam. Aber ich hatte Angst davor. Angst, dass dieses Kind immer mit seiner Oma verknüpft werden würde – unweigerlich. Vielleicht auch, dass Erwartungen an es gestellt werden würden, ganz egal ob bewusst oder unbewusst. Denn weder dieses Kind noch Ella können irgendwie ersetzt werden. Sie sind und waren ganz und gar einzigartig und durften und dürfen sich als Unikate ganz individuell entwickeln. Und ich merkte, wie ich erst entspannen konnte, nachdem der 11. Juni verstrichen war, ohne dass auch nur irgendetwas auf eine baldige Geburt hindeutete. Der errechnete Geburtstermin verstrich und auch der Tag danach. Am 15. Juni, elf Monate nach der Flut und damit einen Monat vor dem Jahrestag, durften wir ein neues Leben begrüßen. Liv, die Lebendige. Und ich wusste: Das ist das Zeichen. Wir durften am 15. Juli auch einen Monat Leben feiern, mussten nicht nur ein Jahr Tod betrauern, und auf einmal wirkte auch der Jahrestag in einem Monat nicht mehr so angsteinflößend.

Einen Tag nach Livs Geburt – wir waren schon wieder zu Hause und ich sah aus dem Fenster im Bett liegend in das Grün der Bäume – hörte ich die ersten Zeilen eines Liedes, das mir geschickt worden war: »Sunlight fell and reminded me that life can be so gracious somehow. And I feel like everything around me was connected somehow.«[13]

Mir schossen Tränen der Dankbarkeit in die Augen, während ich mit Liv auf dem Arm den Text rekapitulierte. Es fühlte sich gerade wirklich an, als wäre alles irgendwie verbunden, und so, als würde unser Leben von warmem Sonnenlicht umhüllt.

»Blessings« hieß das Lied. »Segen«.

Kapitel 14

In den ersten Wochen nach Livs Geburt hatte Harry frei und verbrachte viel Zeit mit Kaia, damit ich mich mit Liv noch ausruhen konnte. Ich musste mich erst in meine Rolle als zweifache Mama einfinden. Es kam mir noch so surreal vor, dass uns einfach ein Wesen geschenkt und anvertraut worden war. Ein Wesen mit eigener Seele, einem eigenen Charakter und eigenen Ansichten. Das wir von nun an begleiten und ein Stück weit prägen durften, aber das dennoch nicht unseren Fingerabdruck, sondern einen ganz eigenen, individuellen, unverwechselbaren hatte. Niemanden liebt man so bedingungslos wie die eigenen Kinder und von niemandem wird man so zurückgeliebt. »Ich bin dankbar und glücklich darüber, dass Hans und Ella Kinder haben durften und dieses Glück erleben konnten«, dachte ich. Ich wusste, dass sie das erfüllt hatte.

Je näher der Juli und damit auch der erste Jahrestag der Flut kam, desto präsenter wurden auch die Gedanken an Ella, Hans und Franky. An alles, was passiert war. Es kam mir ähnlich vor wie das Gefühl am Ende eines Jahres, wenn man beginnt die vergangenen 365 Tage Revue passieren zu lassen. Ich dachte daran, wie oft mir die einfache Frage »Wie geht es dir?« nicht so einfach erschienen war, weil ich nicht sagen konnte, ob es mir gut oder schlecht ging. Wie oft ich mich verloren gefühlt und versucht hatte, wie nach einer Geburt meine neue Rolle zu finden. Ich dachte an die Momente, in denen ich mir nicht sicher gewesen war, wie und ob wir als Paar diesen Schicksalsschlag überstehen würden. Ich hatte – vor allem in den ersten Tagen nach der Flut – oft das Gefühl gehabt, doch so weit weg zu sein. Vielleicht zu weit für Harry? Wenn er abends nach Hause gekommen war, hatte er kaum etwas oder für meinen Geschmack zu oberflächlich von seinem Tag und seinen Gefühlen erzählt. Ich hatte aber auch nicht gewagt weiter nachzufragen. Zu groß war meine Angst gewesen, ihn durch meine Fragerei wieder aufzuwühlen und alle Gedanken und Gefühle noch mal durchleben zu lassen. Ich blickte auch ein wenig mit Stolz darauf, an welcher Stelle wir als Paar und als Familie ein Jahr später standen, wie viel besser wir unsere Emotionen nun kommunizierten und verständnisvoll die Bedürfnisse von uns selbst und dem anderen achteten. Ich dachte daran, dass ich mich in manchen Momenten noch immer schuldig fühlte, nicht anders gehandelt zu haben, dass immer wieder der Vorwurf in meinem Kopf auftauchte, warum wir sie am Abend vor der Flut nicht einfach abgeholt oder zumindest mit ihnen telefoniert hatten.

Bei einem unserer ersten Ausflüge zu viert berichtete ich Harry davon. Wir standen gerade an einer roten Ampel und Harry musterte mich lange, bevor er antwortete.

»Es gibt kein Szenario, in dem sie zu uns gekommen wären«, sagte er schließlich. »Ich habe darüber so oft nachgedacht. Aber wahrscheinlich wäre es so gelaufen, dass ich mit Papa telefoniert hätte und wir uns beraten und dann beschlossen hätten, dass ich zu ihnen komme, um alles in Sicherheit zu bringen. Und hätte dieses Telefonat stattgefunden, dann hätte es kein Szenario gegeben, in dem ich nicht gefahren wäre. Entweder wäre ich mit oder ohne euch gefahren. Aber ich wäre auch dort gewesen. Und dann …« Er stockte, zeigte mit Tränen in den Augen auf die Rückbank, wo

Liv in ihrem Sitz saß, und schüttelte den Kopf. »Wir hätten nicht anders entschieden als sie in dieser Situation«, sagte er schließlich.

So oft war ich wütend und fragte mich, warum sie sich in dieser Nacht entschieden hatten, nach draußen und nicht nach oben zu gehen. Warum sie nicht angerufen hatten und wir uns hätten beraten können, was das Klügste war. Aber Harry hatte recht. Wären wir da gewesen, dann hätten wir dasselbe erlebt, das, was uns dazu veranlasst hätte, das Haus zu verlassen – was auch immer das war. Und wäre nur Harry hingefahren, dann hätte Kaia auch ihren Papa verloren und Liv gäbe es nicht.

»Es war zu unserem Schutz, dass wir nicht wussten, was passieren könnte. Wir wären heute alle nicht hier«, sagte Harry. Ich musterte ihn von der Seite. Das, was er sagte, meinte er genau so.

Als Kind hatte ich mich einmal mit kochend heißem Wasser verbrüht, als ich den Faden am Teebeutel um den Henkel der Tasse wickeln wollte. Meine Mama hatte sich deswegen lange Zeit Vorwürfe gemacht, weil sie sich für das verantwortlich fühlte, was passiert war. Dabei hatte ich ihr in keinem Moment dafür die Schuld gegeben und noch mehr: Ich wollte, dass sie sich selbst auch nicht schuldig fühlte. Jahre später fand ich mich jetzt in ihrer Situation wieder. Als ich bereits erwachsen war, bat mich meine Mutter um Vergebung wegen meiner Verbrennung, und ich sagte ihr: »Es gibt nichts zu vergeben. Ich habe dir nie einen Vorwurf gemacht.«

Ella, Hans und Franky konnte ich nicht mehr um Vergebung bitten. Und dennoch war ich mir sicher, dass sie uns und mir keine Schuld gaben. Sie würden nicht wollen, dass wir uns Vorwürfe machten oder uns schuldig fühlten. Es war an der Zeit, dass ich mich ein für alle Mal von diesen Vorwürfen frei machte und Frieden mit mir selbst schloss.

An einem Abend Mitte August saßen Harry und ich bei Kerzenschein noch lange auf unserem Balkon und starrten in den Nachthimmel. Liv schlief auf meiner Brust, während ich eingekuschelt in einer Decke die kühle Nachtluft genoss. Wie jedes Jahr im August konnte man den Meteorstrom der Perseiden und damit – bei optimalen Bedingungen – Hunderte Sternschnuppen erblicken. Das Weltall hatte mich schon immer fasziniert, und doch kam ich mir immer kleiner und unbedeutender vor, je länger ich die Sterne über mir beobachtete. In mir formte sich die Gewissheit, dass es mehr geben musste und dieses Leben und vor allem sein Ende nicht alles sein konnte. Der Gedanke daran, dass alles vom Zufall abhing und die Erde jederzeit rein zufällig von irgendwelchen Weltraumgeschossen getroffen werden könnte, würde mir Angst machen. Aber ich glaube nicht an den Zufall. Trotzdem lehrte es mich, demütig zu sein, vor allem bei Naturgewalten. Ich fand Frieden in dem Glauben daran, dass mein Leben, mein Schicksal nicht in der Hand des Zufalls, sondern in der eines liebevollen Gottes lag.

Am 27. August, dem Tag, an dem Hans seinen Geburtstag gefeiert hätte, trafen wir uns mit Harrys Halbbrüdern am Grundstück. Nicht nur der Wein an der Terrasse wuchs wieder, auch andere Pflanzen und vor allem die Minze im hinteren Teil des Gartens wucherte. Ich dachte an die letzte Begegnung mit Ella, als sie mir zeigte, wie sie die Tomaten mit Brennnesselwasser wässerte und mir am Minzbeet sagte: »Nächstes Jahr ist das doppelt so viel.« Ich schluckte. Immer wieder schien es mir, als würde sich die Vergangenheit mit der Gegenwart verweben. An diesem Ort mehr als irgendwo sonst. Symbolisch hielten wir in diesem kleinen Kreis eine Art zweite »Beerdigung« unter dem Walnussbaum ab. Harrys Halbbruder hielt eine kurze Rede, die er ursprünglich schon für die eigentliche Trauerfeier geschrieben hatte. Im Hintergrund sang Bob Marley aus der Boombox: »Don't you worry 'bout a thing.«[14]

Es war ein kühler, bewölkter Tag, eher herbstlich als sommerlich. So ganz anders, als die große Trauerfeier gewesen war. Harrys Halbbruder hatte Ketten für jeden der Brüder fertigen lassen. Daran hing ein runder Anhänger mit der Form eines Baumes. Darauf eingraviert stand »семья́«. »Familie«.

Als wir nach Hause fuhren, merkte ich, wie sich wieder Erleichterung in mir breitmachte. Ich wusste, dass es mir nach wie vor nicht guttat, am Haus zu sein, und hatte Harry morgens auch schon relativ pampig mitgeteilt, dass es der letzte Geburtstag der drei sei, den ich am Haus oder mit der Familie verbringen wollte. Und zum ersten Mal bemerkte ich an diesem Tag auch, was es mit Kaia machte, dort zu sein. Über den Nachmittag verteilt fragte sie oft, ob das Haus von Oma Ella und Opa Hans kaputt sei, ob es zum Arzt müsse und dass sie es reparieren wolle. Zum ersten Mal wurde mir bewusst, dass nicht nur Harry und ich unseren Umgang finden und zu ihm stehen mussten, sondern dass auch Kaia mehr beteiligte Person als Zuschauerin war. Aber wie sollte sie ihren eigenen Umgang finden, wenn wir sie immer dorthin mitnahmen? Ich hielt es für besser, sie nicht mehr mit zum Haus zu nehmen, wenn es sie so aufwühlte. Sie sollte die Möglichkeit haben, ihren eigenen Umgang frei wählen zu können, wenn sie mehr davon verstand und nicht nur unsere Gefühle aufnahm wie ein Schwamm.

Trauer hat nicht nur ein Gesicht. Was sich für mich nach einem guten Weg damit umzugehen anfühlt, muss nicht der Weg von anderen sein. Manche gehen gern zum Friedhof, feiern Geburtstage, als wären die Menschen noch da, oder geben eben das Bild von jemandem weiter. Ich gewinne keine Nähe zu mir lieben Menschen, wenn ich an deren Grab stehe. Ja, da haben wir die sterblichen Überreste begraben. Aber das Entscheidende ist nicht da. Die Seele liegt nicht unter der Erde. Ich fühle mich verbundener mit ihnen, wenn ich nach oben – in den Himmel – schaue. Und das kann ich überall. Für mich fühlt es sich falsch an, einen Kuchen ohne das Geburtstagskind zu essen. Das heißt nicht, dass ich nicht an Geburtstagen immer ein bisschen mehr an die denke, die nicht mehr hier sind, und das heißt auch nicht, dass ich über die urteile, für die genau das ihr Weg des Umgangs ist. Ich bin traurig darüber, dass meine Kinder keine oder nur sehr wenig Zeit mit Oma Ella, Opa Hans und Onkel Franky hatten, und ich wünschte, sie hätten wirklich eigene Erinnerungen mit ihnen machen können. Deswegen möchte ich ihnen aber nicht meinen Umgang mit der Situation aufdrängen. Wenn sie fragen, dann werde ich antworten. Vielleicht möchten sie irgendwann dieses Buch lesen, um zu erfahren, wie ich mit alldem umgehe. Vielleicht aber auch nicht, weil das nicht ihr Weg ist, weil sie keinen Bezug zu ihnen haben. Und dann ist auch das okay. Vielleicht möchten sie Frankys Musik hören oder Oma Ellas Gedichte und Bilder sehen. Vielleicht fragen sie sich irgendwann, wer in der Familie so gerne Dinge baut oder jede Maschine ans Laufen bekommt. Dann werde ich ihnen von ihrem Opa Hans erzählen. Von seinen wildesten und klügsten Konstruktionen. Vielleicht werden sie irgendwann ihren Papa nach seinem Rezept für den legendären Käsekuchen fragen und ich weiß, dann wird er ihnen mit Stolz verkünden, dass ihre Oma Ella den noch viel besser backen konnte als er. Ich wünsche mir einfach, dass sie selbst bestimmen dürfen, wie sie damit umgehen. Dass sie nicht zum Grab gehen müssen, weil das schließlich das Grab ihrer Großeltern ist. Dass sie keine Geburtstage feiern müssen von denen, die nicht mehr hier sind. Dass sie nicht die Trauer »vererbt« bekommen, sondern selbst ihren Umgang wählen können und hoffentlich viele schöne und tolle Geschichten erzählt bekommen, aus denen sie heraushören, dass ihre Großeltern und ihr Onkel großartige Menschen waren, dass sie geliebt haben und geliebt wurden.

Kapitel 15

»Liebe deine Geschichte, denn sie ist der Weg, den Gott mit dir gegangen ist«, las ich das Zitat von Leo Tolstoi auf einer Karte, die direkt in zweifacher Ausführung als Beilage zu einer Bestellung ganz oben im Paket lag. »Liebe deine Geschichte.« Akzeptieren vielleicht. Aber wie konnte ich sie lieben? Mit allen Höhen und vor allem allen Tiefen? Ich wusste, dass Heilung seine Zeit brauchte. Viel Zeit. Nachdem ich mich verbrannt hatte, konnte ich erst mit sechzehn Jahren das erste Mal allein und ohne Angst einen Tee aufgießen. Über zwölf Jahre nach der Verbrennung. Ich lernte meine Verbrennungsnarben zu lieben. Sie machten mich einzigartig, erzählten eine Geschichte.

Nun war gerade etwas über ein Jahr vergangen. Vielleicht würde ich irgendwann diesen Teil meiner Geschichte lieben können. Und schließlich war diese Geschichte ja noch nicht zu Ende. Franky galt noch immer als vermisst. Und seit dem Notartermin Anfang August hatten wir auch vom Notar nichts mehr gehört. Immerhin wusste Harry nun, dass es möglich war, Franky in einem sogenannten Aufgebotsverfahren beim Amtsgericht in Ahrweiler für tot erklären zu lassen. Dazu hatte er einige Ausdrucke von Gesetzestexten mitgebracht, in denen etwas von einer Mindestfrist von sechs Wochen zu lesen war. »Vielleicht kann das Verfahren ja schon bis zum Ende des Jahres abgeschlossen werden«, hoffte ich. »Und vielleicht wissen wir ja nach unserem Urlaub sogar schon mehr.«

Ich möchte nach wie vor mit niemandem tauschen, der leblose Körper bergen musste oder die Schrecken dieser Nacht erlebt hat, sei es in Angst um sich selbst und andere oder in Hilflosigkeit. Lange Zeit war ich der Meinung, dass es schlimmer sein musste, all das hautnah mitbekommen zu haben – Stimmen von Menschen in Not im Kopf zu haben, Bilder vor Augen zu sehen, die sich immer und immer wiederholen, sobald man sie schloss – als die Herausforderungen, denen ich gegenüberstand – als Ehefrau eines Betroffenen, als Mutter. Ich schob meine »Beteiligung« immer von mir weg, war nur eine Art Nebencharakter. Jemand, den das Ganze zwar berührte, aber der kein »Anrecht« darauf hatte, sich als leidend zu bezeichnen. Jemand, der eben einfach nur unterstützend hinter dem Hauptcharakter stand. Ein Nebencharakter in meinem eigenen Leben. Gerade zu Beginn sagte ich oft, dass es so vielen Menschen so viel schlechter als uns ging. Nun weiß ich: Das mag zwar stimmen, aber es beschränkt nicht mein Recht darauf, dennoch traurig zu sein. Ja, durch meinen Glauben habe ich vielleicht mehr Hoffnung als andere, aber dennoch muss ich nicht immer hoffnungsvoll sein. Ich darf dennoch an meine Grenzen stoßen, auch wenn ich im selben Moment dankbar bin, dass gewisse Grenzen nicht ausgetestet wurden. Vielleicht wollte ich mir dadurch von außen die Legitimation einholen, weitermachen zu dürfen, dennoch glücklich zu sein.

Als Kaia im Urlaub auf einem rauen Betonboden stürzte und zum ersten Mal die Schmerzen eines aufgeschürften Knies erlebte, da war es ihre erste Reaktion zu weinen. Verständlicherweise. Sie weinte, weil sie sich verletzt hatte und ihr diese Verletzung wehtat. Sie wäre nie auf die Idee gekommen, ihre Tränen zu unterdrücken, weil jemand anderes auf dieser Welt gerade größere Schmerzen hatte als sie oder jemand in der Vergangenheit unter schlimmeren

Schmerzen gelitten hatte als sie. Nein, sie hatte in diesem Moment Schmerzen, und allein das zählte für sie.

Für mich ist das ein gutes Bild für unser erlebtes Leid. Es lässt sich nicht mit dem Leid anderer vergleichen. Wir alle tragen unterschiedliche Verletzungen im Laufe unseres Lebens davon, körperliche und seelische. Die Wunden und Narben sehen bei jedem anders aus, sie fühlen sich für jeden anders an. Und dennoch würde man, als halbwegs empathischer Mensch, niemandem sagen, dass seine Schürfwunde mit Sicherheit weniger wehtut als ein geprellter Knochen und die Person sich doch bitte nicht so »anstellen« solle. Warum aber tat ich genau das dann mit mir selbst?

Die Flut hatte mir zwar keine sichtbaren körperlichen Wunden zugefügt, aber ich redete so mit mir, wie ich mit Kaia niemals reden würde. Ich erkannte mein Leid nicht an, weil ich mir einredete, mir gehe es verhältnismäßig gut, ich sei nicht wirklich betroffen und müsse für alles dankbar sein, was ich nicht hatte erleben müssen.

Kaias Schürfwunde säuberte ich vorsichtig mit einem nassen Tuch, während sie bei ihrem Papa auf dem Schoß saß und sich in seinen Armen festkrallte. Als ich ihr danach eine Creme auftrug und sie sich ein blaues Pflaster in Form eines Delfins für ihre Verletzung aussuchte, da sah ich mich selbst in meiner Tochter, in diesem kleinen Mädchen. Ich hörte, wie Harry immer wieder beruhigend zu ihr sagte: »Du bist so tapfer. Wir sind ja da.«

Wir wären nie auf die Idee gekommen, ihren Schmerz kleinzureden oder zu negieren. Stattdessen begleiteten wir sie durch diese Situation und wollten, dass sie lernte: »Ich muss keine Angst vor dem Schmerz haben, denn ich bin sicher. Vielleicht tut es ein bisschen weh, wenn der Schmutz aus der Wunde entfernt wird. Vielleicht brennt es ein bisschen, wenn die Creme aufgetragen oder das Pflaster später abgerissen wird. Vielleicht juckt es, wenn sich

Schorf bildet. Aber …«, so versuchte ich Kaia zu beruhigen, doch in Wahrheit musste ich es auch selbst hören: »Das machen wir nur, damit alles gut heilen kann.«

Als ich mir nach dem Verarzten die Hände wusch und in den Spiegel blickte, schaute ich meinem jüngeren Ich in die Augen – es war ein kleines Mädchen, so wie meine Tochter gerade eines war – und ich wollte der kleinen Vivien nicht sagen: »Anderen geht es so viel schlechter als dir.« Nein. Ich sagte ihr stattdessen, wie tapfer sie sei. Dass sie keine Angst haben musste. Ich erkannte ihren Schmerz, *meinen* Schmerz, und benannte ihn vor mir selbst zum ersten Mal. Ganz bewusst. Und ich realisierte: Nur so konnte meine Verletzung behandelt werden: indem ich benennen konnte, was genau mir wehtat.

Ein paar Tage nach unserem Urlaub fragte ich Harry, ob er zwischenzeitlich vom Notar gehört hatte und ob er eine Einschätzung über die Dauer des Verfahrens geben konnte. »Ja, ich hab mit ihm telefoniert und er hat auch eine E-Mail geschrieben. Da muss ich noch ein paar Fragen beantworten«, sagte Harry. »Aber er rechnet damit, dass aufgrund der Tatsachen die Mindestfrist für den Antrag angesetzt wird.«

Etwa zwei Wochen später, Mitte Oktober, kamen wir wieder auf das Verfahren und den Notar zu sprechen. »Oh, da muss ich immer noch ein paar Fragen beantworten, damit der Antrag fertiggestellt werden kann«, sagte Harry ertappt. »Ich mach das die Tage mal.« Ich musterte ihn. Ob es wirklich nur daran lag, dass er es vergessen hatte? Oder wollte er all die Fragen nicht beantworten? Konnte er sie vielleicht nicht beantworten, weil sie wieder Wunden bei ihm aufrissen?

»Zeig mir mal die Mail. Ich mache das für dich«, bot ich mich an und er lenkte ein. In der Nachricht erwartete mich ein ganzes Formular an Fragen wie: »Von wem wurde der Verschollene zuletzt gesehen? Wann und wo schrieb der Verschollene zuletzt? Stand der Verschollene mit dem Antragsteller in regelmäßigem Briefverkehr oder liegen Gründe vor, die vermuten lassen, dass der Verschollene dem Antragsteller nicht schreiben würde, selbst wenn er noch lebte? Wann, von wo und von wem ist die letzte Lebensnachricht über den Verschollenen eingegangen? Hat der Antragsteller nach dem Verschollenen Nachforschungen anstellen lassen?«

Ich verstand, dass eine Todeserklärung ein gewaltiger Einschnitt in die Rechte einer Person war und dass man möglichst genaue Angaben brauchte. Aber war dieses Prozedere, waren genau diese Standardfragen, in einem solchen Fall wirklich angebracht? War nicht für alle klar, was passiert sein musste?

Anfang November stand ich gerade in der Küche und kochte, als mein Handy aufblinkte und mir folgende Mitteilung anzeigte: »Franky benutzt jetzt Telegram.«

Ich stockte. Mein Kopf wusste, dass das bedeutete, dass Frankys Nummer nun jemand anderem, einem Fremden, gehörte, und dennoch hatte ich für eine Millisekunde den Gedanken: »Was, wenn er doch lebt? Was, wenn wir zu voreilig waren mit dem Antrag auf Todeserklärung?«

Mein Verstand übernahm schnell wieder die Oberhand und stellte die logischen Argumente diesem Gedanken gegenüber. Es war mehr als unwahrscheinlich, dass er nach einem Jahr und vier Monaten einfach auftauchte, dass er es all die Zeit trotz intensiver Polizeisuche geschafft hatte, unter dem Radar zu bleiben, und dass er, als wäre nichts gewesen, in diesem Moment seine Nummer wieder aktivieren würde.

Ob Harry diese Mitteilung auch erhalten hatte? Und ob er auch kurz diese Gedanken hatte?

Harrys Tag war voller Termine, deswegen sprachen wir nicht direkt darüber und abends hatte ich es schon wieder vergessen. Einige Wochen später kam ich mit Harrys bestem Freund auf das Thema zu sprechen, denn er erzählte, dass ihn diese Mitteilung kurz ziemlich aus der Bahn geworfen habe und dass er sogar seinen Computer eingeschaltet und darauf gewartet habe, dass Franky bei seinem Gaming-Account online ging und entweder dort oder bei Telegram ein Lebenszeichen von sich gab. Aber nichts dergleichen passierte.

Ich musste an den Pfarrer von der Beerdigung meiner Oma denken, als Kaia an einem verschneiten Januartag am Grab ihrer Großeltern Schneeengel machte und der Schneemann – oder für sie eine »Schneeente«, weil die Nase wie ein Schnabel aussah – den sie mit meinem Papa baute, bestimmt einigen Besuchern nach uns doch ein kleines Lächeln ins Gesicht zauberte. Irgendwie tat es gut, das alles noch mal aus der Kinderperspektive zu sehen. Kaia sah nicht den Friedhof als Ort, sie sah den Schnee und freute sich über die Möglichkeiten, die sich ihr dadurch boten.

Und dieser Kontrast zwischen Harry mit Tränen in den Augen vor dem Grab seiner Eltern und Kaia voller Freude über diesen Ort, an dem niemand den Schnee weggeschippt hatte, war irgendwie so beschreibend für Trauer und meine Vorstellung von dem Raum der Trauer in meinem Lebenshaus: so, dass man rausgucken kann und all die kleinen Freuden und Wunder außerhalb mitbekommt.

Unser Rückweg führte uns entgegen der Flussrichtung an der Ahr entlang, vorbei an dem bunt bemalten Haus in Dernau. Und mein Blick blieb wieder an dem unter Wellen aufgeschriebenen Bibelvers hängen: »Wenn du durch tiefes Wasser oder reißende Ströme gehen musst – ich bin bei dir, du wirst nicht ertrinken« (Jesaja 43,2). Und diesmal las ich ihn anders. »Endet die Angst um Leib und Leben nicht genau in dem Moment, in dem die Seele gerettet wird?«, fragte ich mich still. »›Du wirst nicht ertrinken.‹ Deine Seele soll leben, auch wenn der Körper stirbt«, ergänzte ich in Gedanken.

Der Januar verging ohne einen Brief vom Amtsgericht, auf den ich so sehnlichst wartete. Eigentlich waren wir davon ausgegangen, dass der Aushang zu Frankys Vermisstenstatus und der Absicht, ihn für tot zu erklären, Ende Oktober am Amtsgericht angeheftet werden würde. Und wir rechneten immer noch mit der Mindestfrist von sechs Wochen, die so ein Aushang dort hängen musste. Selbst mit dem Abzug aller Feiertage am Ende des Jahres hätten wir unserer Rechnung zufolge im Januar Bescheid bekommen müssen. An einem Freitag, Anfang Februar, rief Harry daher im Amtsgericht an, um den aktuellen Stand zu erfragen.

»Die Frist geht noch bis Juni«, sagte Harry sichtlich irritiert, als er aufgelegt hatte.

»Hängt der Aushang noch gar nicht?«, fragte ich ihn. »Oder haben die einfach eine längere Frist angesetzt?«

»Ich weiß es nicht genau. Aber die meinte, dass man das im Amtsgericht auch einsehen kann«, antwortete er und zuckte mit den Achseln.

Ich informierte meine Eltern, die, so wie wir es allen kommuniziert hatten, mit uns auf eine Mitteilung zu Anfang des Jahres warteten. Mein Vater erklärte sich direkt bereit, nach dem Wochenende im Amtsgericht nach dem Aushang zu schauen, und schickte mir montags ein Foto davon.

»Aufgebot«, stand groß darüber. Und darunter, dass der Notar beantragte, »den verschollenen Frank Neufeld […] für tot zu erklären.«

Ich las weiter: »Der Verschollene wird aufgefordert, sich spätestens 31. Mai 2023 vor dem unterzeichnenden Gericht auf Zimmer 23 zu melden, da ansonsten die Todeserklärung erfolgen kann. Alle Personen, die Auskunft über Leben oder Tod des Verschollenen geben können, werden aufgefordert dies bis zu obigem Termin dem Gericht mitzuteilen.

Der Verschollene ist mit höchster Wahrscheinlichkeit bei der Flutkatastrophe im Ahrtal – in der Nacht von 14.07.2021 auf den 15.07.2021 – zu Tode gekommen.«

Ich schüttelte beim Lesen ungläubig den Kopf. Wieso war die Frist so lang? Als ob er bis Ende Mai einfach ins Amtsgericht spazieren und sich dort melden würde.

Ich recherchierte und fand heraus, dass man die Frist, sobald sie einmal festgesetzt war, auch nicht verkürzen konnte. Es blieb uns also nichts anderes übrig, als weiter diesen Vermisstenstatus zu akzeptieren und zu warten. Ich konnte nicht sagen, was von beidem sich für mich schlimmer anfühlte. Ich wollte endlich Gewissheit, einen Abschluss – wenn er auch nur bürokratisch war, denn den emotionalen Abschluss konnte uns kein Gericht der Welt geben. Ich wollte nicht mehr warten. Ich konnte nicht mehr warten. Es fühlte sich an, als wäre mein gesamtes Leben gerade »on hold«. Ich ertappte mich immer öfter, wie ich in verschiedenen Situationen – ganz egal, ob es um meine oder um unsere Ziele, Pläne und Träume als Familie ging – sagte: »Wenn alles mit Franky und dem Haus geklärt ist, dann …«

Harrys zweite Elternzeit verbrachten wir wieder zum Teil im Urlaub, der viel zu schnell verging. Mir fiel auf, dass ich vor allem im Urlaub sehr auf die »letzten Male« achtete: Wir genossen den letzten Tag, zelebrierten den letzten Abend und reflektierten die vergangene Zeit. Und dann freuten wir uns auch schon wieder auf zu Hause. Dabei dachte ich an Hans, Ella und Franky: »Ich hoffe, dass die letzten Momente so für sie waren. Dass sie Schönes vor ihrem inneren Auge sahen und sich irgendwie auch auf ihr neues, ewiges Zuhause freuen konnten.«

Im Juni waren wir mit einem kleinen Kamerateam vom WDR unterwegs, die für den zweiten Jahrestag der Flut in einer dreiteiligen Minidokumentation die Geschichte von Franky erzählen wollten, der noch immer als vermisst galt. Wir hatten selbst nach dem Fristablauf Ende Mai noch immer keine Post vom Amtsgericht mit einem neuen Stand erhalten. Am ersten Drehtag trafen wir uns auch mit unserem Freund, der gegenüber von meinen Schwiegereltern wohnte und sie in der Nacht gehört hatte. Wir sprachen mit ihm über die Nacht und hörten zu, als er die Fragen des Reporters beantwortete. »Man hatte natürlich Hoffnung, solange man Ella hören konnte«, erzählte er. »Egal, wie laut oder leise sie zu hören war.«

Für ihn war es vielleicht nur ein unbedeutender Nebensatz, aber Harry und ich unterhielten uns auf dem Rückweg noch darüber. »Vielleicht hat sie wirklich gebetet«, sagte Harry. »Ich würde so gerne wissen, was sie gesagt hat.«

»Wofür betet eine Mutter?«, fragte ich Harry und hielt kurz inne, bevor ich die Frage selbst beantwortete. »Für ihre Kinder.«

Ich dachte an meinen anfänglichen Wunsch nach letzten Worten von Harrys Eltern für ihn – und wenn es nur ein »Sag Harry, wir haben ihn lieb« war. Aber war nicht das Gebet einer Mutter der ehrlichste Liebesbeweis an ein Kind, den es geben konnte?

Am selben Tag machten wir uns auch mit dem Kamerateam auf die Suche nach Hans' Fundort. »Zwischen Spielplatz und Ahr«, erinnerte ich mich an die Worte des Kriminalkommissars. Bislang waren wir immer nur durch Lohrsdorf gefahren, aber hatten nie angehalten oder uns gar auf den Weg in Richtung Ahr gemacht. Warum auch? Hans war irgendwo dort gefunden worden, aber er war ja nicht mehr da. Was erhofften wir uns zu finden? Unser Weg, vorbei an dem Spielplatz, führte uns durchs Dickicht in Richtung der Ahr. An einem Baum, auf den wir direkt zusteuerten, war ein weißes Kreuz aufgestellt worden. Darauf stand: »Zum Gedenken an die Flutopfer.« Ich schaute Harry an. Ob hier wohl Hans gefunden worden war?

Es war ein komisches Gefühl, dort zu stehen. Traurig, fremd und doch voller Gewissheit. »Hier wurde er bestimmt gefunden«, sagte Harry leise. »Ich bin mir irgendwie ziemlich sicher.«

Nur wenige Meter entfernt hörten wir schon das leise Rauschen der Ahr, eher ein Plätschern. Es war eine schöne Stelle mitten im Grünen, mit einem schmalen Kiesstrand aus lauter hellen Steinen und uneinsehbar für Spaziergänger. Ich entdeckte eine kleine Feuerstelle, direkt an der Ahr, von wo aus man auch den Baum mit dem Kreuz im Blick hatte. Hans und Feuer, das war eine Erinnerung, die für mich so untrennbar zusammenhing. Bei dem Gedanken daran konnte ich das Grinsen in seinem Gesicht und das Leuchten in seinen Augen förmlich vor mir sehen. Und es kam mir vor wie ein Zeichen. Als würde Hans uns so ein letztes Mal mitteilen: »Mir geht es gut.«

Das Kamerateam begleitete uns auch bei einer vorerst letzten Aufräumaktion. Im Obergeschoss standen noch einige Möbel, Matratzen und auch Koffer mit Kleidung von Ella, Hans und Franky, die wir fast zwei Jahre nicht entsorgt hatten, weil sie nicht kaputt oder verschmutzt waren. Aber eine Verwendung hatten wir für sie auch nicht mehr, sodass wir den Tag mit tatkräftiger Hilfe nutzten, um all diese Dinge in der Einfahrt zu stapeln, wo sie bis zur Sperrmüllabholung stehen sollten. Es gab Pizza, und Harry grillte zudem auf einem portablen Grill im Hof, während alle um ihn herum saßen. Und für einen Moment war da wieder dieses gewohnte, sichere Gefühl. Dieses Gefühl, das mich für einen Augenblick in dem Glauben ließ, dass alles genauso wie immer sei. Als ich zwischen den Interviews, die wir mit dem WDR führten, und den Gesprächen mit Familie und Freunden kurz Zeit hatte, ging ich für ein paar Minuten allein in den Garten.

Leise sang ich »Genauso« von Silbermond, während ich mich genauestens umschaute und versuchte all die schönen Erinnerungen ein letztes Mal größer sein zu lassen als das Bild, das sich mir jetzt bot: »Leg 'ne Hand auf mich und den Abend. Pause vom Sturm im Kopf. Ich spür 'n bisschen Wehmut, bisschen Zeitmaschine. 'n bisschen Wärme, ein bisschen Frieden. Ich mach die Augen zu, schlender leise durch den Garten der Erinnerungen, zwischen Bierbank und Glut. Das Pavillon[15] da singt zum Klang der Gitarre und die Funken fliegen wie die Jahre. So schön, wie wir sitzen. Hier am Feuer im Abendlicht. Weißt du, ich lieb den Gedanken, dass das in zehn Jahren noch genauso ist.«[16] Es war meine Art, mich ein letztes Mal ganz bewusst von diesem Garten, der in meiner Vorstellung immer eine Konstante war, von diesem Ort zu verabschieden.

Was zählte, war nicht das Grundstück, das Haus und was damit passieren würde. Das alles hatte einen materiellen Wert, der vergehen konnte. Das, was diesen Ort so wertvoll machte, waren nicht die Steine oder die Zeit, die in diesen Ort gesteckt worden waren. Es waren die Gefühle, die wir an diesem Ort gefühlt hatten. Liebe, Dankbarkeit, Sicherheit, Zuhause. Das Konstrukt Zuhause ist kein greifbares. War ein Zuhause ein Haus? Ein Dach über dem Kopf? Oder war es nicht viel eher ein sicherer Hafen, ein Ort, an dem alle Fehler erlaubt waren. An dem man gemeinsam lernen und wachsen durfte. An dem Liebe im Mittelpunkt steht. Und erst wenn all das nicht mehr da war, merkte man, dass ein festes Haus zwar eine schöne Annehmlichkeit war, aber dass auch eine einfache Hütte ausreichte, um all diese Gefühle zu fühlen. Den Wert dieses Ortes wogen wir in Erinnerungen auf. In schönen Momenten. In Liebe. Es war schwer, einen solchen Ort abzugeben. Es hatte etwas Endgültiges. Aber es war wichtig, alles loszulassen und nicht mehr krampfhaft an etwas festzuhalten, was sowieso nicht mehr war: die Zukunft, die wir uns ausgemalt hatten. Die Zukunft, die sich Hans, Ella und Franky ausgemalt hatten.

Dieser Ort war nicht mehr das, was er mal gewesen war. Die Erinnerungen behielten wir, von den Steinen konnten wir uns trennen. Denn es würde nie mehr genauso sein.

Als ich an einem Montag im Juni den Briefkasten öffnete, stach mir ein gelber Brief ins Auge. Ich wusste, was das bedeutete: Es war ein Brief vom Amtsgericht. Harry und ich öffneten den Brief gemeinsam. »Beschluss«, konnten wir direkt unter dem Emblem des Amtsgerichts lesen. Ich überflog das Dokument: »... wegen Todeserklärungsverfahren hat das Amtsgericht Bad Neuenahr-Ahrweiler am 14. 06. 2023 beschlossen:

Der Verschollene, Herr Frank Neufeld ... wird für TOT erklärt.

Als Zeitpunkt des Todes wurde folgender festgestellt: ... Aufgrund des letzten Lebenszeichens des Verschollenen in der Nacht vom 14. 07. 2021 auf den 15. 07. 2021 – kurz nach Mitternacht – konnte der Todeszeitpunkt mithin auf den 15. 07. 2021 festgestellt werden, und zwar mit dem Beginn der Lebensgefahr.«

Auf einer weiteren Seite wurde darauf hingewiesen, dass der Beschluss noch nicht rechtskräftig und eine weitere Frist von vier Wochen abzuwarten sei.

So lange hatte ich auf diesen Tag gewartet und mich gefragt, ob es sich genauso anfühlen würde wie der Tag, an dem die Kripo vor unserer Tür stand. Aber gerade in diesem Moment fühlte es sich gar nicht anders an als vor dem Brief. Eine Wartezeit lag hinter uns, aber es war noch immer nicht alles geklärt. Alle Prozesse, die mit dem Erbe zu tun hatten, konnten erst jetzt überhaupt beginnen. Es war keine andere, keine neue Gewissheit als die, die wir sowieso schon hatten.

Kurz vor dem zweiten Jahrestag hatten wir mit dem WDR einen Termin im Amtsgericht Ahrweiler. Harry durfte dort als symbolischen Akt den Aushang abnehmen. Solche Aushänge bleiben im

Amtsgericht hängen, bis der Beschluss rechtskräftig ist. Das Abhängen bedeutete also, dass der Vorgang im Gericht abgeschlossen war. Dass dieser Aushang danach erneut angeheftet wurde, weil die Beschwerdefrist von vier Wochen noch nicht abgelaufen war, tat für mich nichts zur Sache. Ich fühlte mich erleichtert. Und auch Harry wirkte befreit, obwohl es nur ein bürokratischer Abschluss war.

Es ist etwas völlig Unterschiedliches, ob jemand anderes einem die Botschaft überbringt, dass jemand, den man sehr gern hatte, gestorben ist, ob man sogar selbst anwesend war, während die Person ihren letzten Atemzug tat, oder ob man selbst aktiv werden muss, um jemanden für tot zu erklären. Normalerweise ist das ein passiver Prozess. Es hatte sich falsch angefühlt, den aktiven Part zu übernehmen und darauf zu drängen, dass jemand auf dem Papier ein zweites Mal stirbt, nur damit wir selbst »weitermachen« konnten. Ich war erleichtert, dass dieser Prozess nun hinter uns lag oder zumindest in absehbarer Zeit hinter uns liegen würde. Letztlich dauerte es noch einige Wochen, bis der Beschluss am 21. August 2023 rechtskräftig war.

767 Tage nach der Flut.

767 Tage, in denen ich Stück für Stück und immer wieder neu Frieden fand. In dieser Zeit gab es so viele Momente, die ich herbeisehnte und gleichzeitig fürchtete. So viel Trauer, Wut und Unverständnis, aber mindestens genauso viel Dankbarkeit, Frieden und Liebe.

Der Weg ist hier noch lange nicht vorbei. Es sind noch genügend Dinge zu organisieren. Und ich bin nicht mehr der Mensch, als der ich am 14. Juli 2021 schlafen ging. All das ist nichts, das man mal eben abschüttelt und zur Tagesordnung übergeht. Es wird immer ein Kapitel in dem Buch meines Lebens sein. Eines, das mich verändert hat.

Und gefühlt immer, wenn ich die Nachrichten einschalte, wird von Naturkatastrophen berichtet – seien es Dürren, Brände, Erdbeben oder Überflutungen. Das, was wir erlebt haben, ist nur ein Einzelschicksal, doch das Thema wird uns auch weiterhin in unserem Leben begleiten. Aber ich möchte selber entscheiden, wie ich darauf reagiere. Ich möchte nicht vor Angst gelähmt mein Leben verbringen, möchte mich nicht als Opfer betrachten, sondern mich darauf konzentrieren, was bleibt. Und auch wenn es anstrengend sein kann, Frieden für mich zu finden. Ich möchte ihn täglich suchen. Ich möchte Gottes Handschrift in meiner Geschichte finden und den Weg, den er mit mir gegangen ist, lieben lernen. Immer wieder neu.

Denn nach oder trotz allem glaube ich immer noch an ein Happy End. Dieser Glaube, diese Hoffnung, diese Gewissheit bleibt. Weil ich mich getragen weiß von einem Gott, der mich liebt und Gutes für mich im Sinn hat. Und manchmal hört sich etwas nach einem Punkt an, der in Wahrheit ein Semikolon ist.

Es ist nicht das Ende, auch wenn es sich danach anfühlt;
das Ende muss erst noch geschrieben werden.

»Was für immer bleibt, sind Glaube, Hoffnung, Liebe,
diese drei. Aber am größten von ihnen ist die Liebe.«
1. Korinther 13,13; NGÜ

ENDE;

...

… Am 15. Oktober 2023, 27 Monate nach der Flut, schrieb ich die letzten Zeilen dieses Buches. Zumindest dachte ich das, als ich das Semikolon hinter das Ende meines fünfzehnten Kapitels setzte.

Harry hatte sich nachmittags mit den Kindern und einem Käsekuchen auf den Weg zu Ellas Bruder gemacht, der Geburtstag feierte. Kurz zuvor erhielt er einen Anruf einer Freundin seiner Mama, die mit der Helferszene im Ahrtal gut verknüpft war. Sie berichtete ihm, dass Helfer zwischen Sinzig und Kripp offenbar ein Skelett gefunden hätten, das der Polizei übergeben worden sei.

Uns war klar, worauf sie anspielte: Es könnte Franky sein.

Ich schätze sie so ein, dass sie Harry nicht jedes Gerücht oder jede Vermutung darlegen würde, sondern dass sie sich schon sicher sein musste, dass all das Hand und Fuß hatte, bevor sie Harry einbezog oder informierte. Und dennoch war es für uns kein Anlass, uns in Spekulationen zu verstricken. Es konnte schließlich auch aus anderen Gründen als dem der Ahrflut dort ein Skelett liegen. Die Polizei würde das schon untersuchen und sich melden, sollte es wirklich etwas sein, das uns beträfe.

Bereits in den kommenden Stunden versuchten einige Personen Harry zu erreichen, der die Anrufe nicht annahm, da er den Nachmittag bei der Feier seines Onkels genießen wollte. Und auch ich war verdutzt von den eingehenden WhatsApp-Anrufen, die auf meinem Bildschirm aufpoppten, da ich am Computer mit Harrys WhatsApp-Konto verbunden war. Aufgrund dessen, dass ich die Namen nur im Kontext der Flut kannte, konnte ich mir denken, warum sie anriefen. Hatte der Fund schon so hohe Wellen geschlagen? Selbst wenn wir uns nicht an Spekulationen beteiligen wollten, andere taten es offenbar.

Gegen 20 Uhr schickte mir meine Freundin einen Link. »Habt ihr davon schon gehört?«, fragte sie und schob direkt hinterher: »Nicht, dass das was heißen muss.«

Der Generalanzeiger titelte: »Freiwillige Helfer finden menschliche Knochen«. Ich las weiter: »Eigentlich wollten sie die Ahrmündung nur von Müll befreien. Doch dabei stieß eine Gruppe von Ehrenamtlern auf menschliche Knochen. Die Polizei bestätigt den Fund indirekt, will sich aber nicht weiter äußern.«[17] Im Artikel kam der Organisator der Müllsammelaktion zu Wort und ich realisierte erst beim Lesen der Zeilen, dass der Fund nicht in den vergangenen Tagen, sondern am heutigen Tag stattgefunden hatte. Am 15. Oktober 2023, 27 Monate nach der Flut. An dem Tag, an dem ich das Buch und damit auch irgendwie die ganze Geschichte vermeintlich abgeschlossen hatte. Mit dem Ende, das schon feststand, bevor ich auch nur ein Kapitel aus meinen Hunderten Notizen in Reinform gebracht hatte, weil es mir eines Nachts im Traum in den Kopf schoss. »Es ist nicht das Ende, auch wenn es sich danach anfühlt; das Ende muss erst noch geschrieben werden.«

»Ich glaube nicht an Zufall«, murmelte ich leise, als ich Harry den Artikel weiterleitete.

Nachdem wir die Kinder zu Bett gebracht hatten und in der Wohnung Ruhe einkehrte, saßen wir eine Weile schweigend da, bis ich schließlich sagte: »Ich weiß nicht, ob ich möchte, dass es Franky ist.«

»Ja«, sagte Harry. »Ich habe heute die ganze Zeit gedacht, dass ich nicht möchte, dass er es ist.« Er hielt kurz inne, bevor er seinen Gedanken fortsetzte: »Aber er muss es sein. Du schreibst dein Buch zu Ende, es ist wieder der Fünfzehnte. So, als sollte es so sein. Es fühlt sich irgendwie wie eine Wette mit Franky an. Ich wette, er ist es.«

Ich dachte an das Gespräch, das ich am Vortag mit meiner Freundin geführt hatte. Ewig hatte ich schon nicht mehr darüber nachgedacht, dass Franky noch gefunden werden könnte. Wir gingen davon aus, dass sein Körper eine Reise zur Nordsee angetreten hatte und somit jetzt irgendwo in den Weiten der Meere unterwegs war. Ich war kurz verdutzt, als sie fragte: »Habt ihr Angst davor, dass Franky jetzt noch gefunden wird?«

Heute kam mir diese Frage und meine Antwort darauf wie eine liebevolle Vorbereitung auf die Nachrichten des Tages vor: »Nein, Angst nicht. Aber ich glaube, ich bräuchte es nicht. Die Beerdigung von Ella und Hans war für uns auch seine Beerdigung. Wir haben ihn ja überall mit einbezogen und ich glaube, ich fände es komisch, ihn ›noch mal‹ zu beerdigen.« Sie nickte: »Und für die ganzen bürokratischen Sachen braucht ihr jetzt ja auch keine Sterbeurkunde mehr.«

»Ja«, antwortete ich. »Die Gewissheit und den Abschluss haben wir in den letzten Jahren ja schon gefunden.«

Ich hatte keine Angst davor, dass er es sein könnte, dessen Knochen gefunden wurden. Hatte keine Angst davor, dass es mein Kopfkino anregen würde. Es war so viel Zeit vergangen seit der Flut. Seitdem hatte es einige Male höhere Pegelstände an der Ahr gegeben. Wer wusste schon, ob der Fundort überhaupt der Ort war, wo dieser Mensch angespült worden war? Und den Weg zu diesem Ort hatte er mit Sicherheit nicht mitbekommen.

Ich sorgte mich eher darum, was das alles nach sich zog. Eine weitere Beerdigung. Die Organisation, die Erwartungen von anderen Personen, das Medieninteresse.

Der nächste Morgen startete für mich mit dem Beantworten einiger neuer Nachrichten. Freunde von uns fragten, wie es uns gehe, oder wollten wissen, ob es sich tatsächlich um Franky handeln könne. In einer Gruppe mit anderen Personen, die bei der Flut geliebte Personen verloren hatten, ploppte die Nachricht auf: »Hallo, es kann sein, dass gestern der vermisste Frank, Bruder von Harry und Schwager von Vivien, an der Mündung der Ahr gefunden wurde.«

»Ja, es kann sein«, dachte ich und war fast wütend, dass diese wenigen Informationen so ohne Berücksichtigung anderer Möglichkeiten weitergetragen wurden. »Aber es ist alles spekulativ.« Bislang hatten wir immerhin noch nicht einmal einen Anruf der Kriminalpolizei erhalten, sondern die Informationen nur aus dem Umfeld der Helfer oder den Medien erfahren. Auch einige Nachrichten von Journalisten waren dabei – mehr oder weniger seriös. Ich war dankbar für den Hinweis, dass es einige Medienvertreter oder andere Personen geben könnte, die die mediale Aufmerksamkeit für Kritik an Polizei und Politik oder für ihre eigene Agenda nutzen würden und in uns ein Sprachrohr dafür finden könnten. Ich wollte keine Anschuldigungen befeuern, hatte ich doch gerade erst geschrieben, dass das, was am Ende blieb, die Liebe war. Und nur diese wollte ich verbreiten.

Meine Mutter schickte mir an diesem Tag zu einem ganz anderen Thema einen Link zu der Bedeutung von verschiedenen Zahlen in der Tora und der Bibel. Ich dachte an Ella und daran, dass auch sie den Zahlen in der Bibel eine große Bedeutung zukommen gelassen hatte. Ich scrollte, stoppte schließlich bei der 27 und überflog den Text: »It appears that 27 is linked also to things hidden being revealed.«[18] Ich bekam eine Gänsehaut. Verborgene Dinge werden offenbart – 27 Monate nach der Flut.

Gegen Mittag telefonierte Harry zunächst mit einem der Helfer, die die Knochen am Vortag gefunden hatten, und berichtete, dass die Helfer sich ziemlich einig seien, dass es sich um eine junge Person und konkret um Franky handeln müsse, bevor schließlich die Kriminalpolizei anrief und mitteilte, dass die gefundenen Knochen in den nächsten Tagen anhand des Zahnstatus und der DNA auf eine Übereinstimmung mit Franky überprüft werden sollten. »Die Polizei denkt auch, dass es sehr wahrscheinlich Franky ist«, sagte

Harry achselzuckend. »Aber nach den ganzen ›Zufällen‹ gestern war das ja irgendwie klar.«

In den folgenden Tagen fühlte ich mich teilweise in die Zeit kurz nach der Flut zurückversetzt. Wir warteten. Auf eine Mitteilung der Kriminalpolizei. Doch anders als vor zwei Jahren meinten viele zu wissen, dass uns diese Mitteilung eine neue, eine »richtige« Gewissheit geben könnte. Wir erhielten Nachrichten, in denen die Personen uns kundtaten, dass es doch wunderbar wäre, wenn wir dieses Kapitel endlich abschließen und damit zur Ruhe kommen könnten, und dass man für uns hoffte, dass es Franky sei. Es negierte die Gewissheit, die wir für uns gefunden hatten.

Ich fühlte mich fast bevormundet, wie ich mich zu verhalten und was ich zu fühlen hatte. Auf die Frage, wie es uns gehe, antwortete ich häufig mit der Gegenfrage: »Ist es komisch, wenn ich sage, es geht uns gut?«

Ich war mir sicher, dass die Mitteilung – sollte sie denn kommen – dass es Franky sei, mich nicht aus der Bahn werfen würde. Denn ich hatte meinen Abschluss und meinen Frieden gefunden. Und ich wusste, dass ich nicht alle Antworten kennen musste, um Frieden zu haben. Wirklichen, tiefen, übernatürlichen Frieden. Ich hatte Franky schon längst verabschiedet, ihn losgelassen. Ich hatte ihn bereits beerdigt, auch wenn nichts von ihm auf einem Friedhof begraben wurde. Und gleichzeitig fühlte es sich falsch an, das auch nur laut auszusprechen oder gar zu denken. Denn die gefühlte Erwartung, die an mich als seine Schwägerin gestellt wurde, war, dass mich diese Gewissheit erleichtern würde. Und dass ich gleichzeitig wieder zu trauern hatte.

Wir kamen gerade von einem verlängerten Wochenende an der niederländischen Küste nach Hause, als am letzten Oktobertag die Nummer des Kriminalbeamten auf Harrys Display aufleuchtete.

»Es ist mein Bruder«, gab Harry die Neuigkeiten noch während des Telefonats wieder. 838 Tage nach der Flut erfuhren wir, dass auch Franky gefunden worden war: nach 27 Monaten. Und 55 Tage nachdem er für tot erklärt worden war. Doch diesmal weinten wir nicht. Es war eher ein Zur-Kenntnis-Nehmen der Neuigkeiten. Ich fühlte mich nicht anders als zuvor. Diese Nachricht veränderte nichts. Sie erleichterte mich nicht. Es war nicht das fehlende Puzzlestück oder das letzte bisschen Gewissheit. Es fühlte sich eher an wie etwas ganz Eigenes. Nichts, das fehlte, sondern etwas über die Vollständigkeit hinaus. Als würde uns zugeflüstert: »Ihr habt euren Frieden gefunden. Jetzt schenke ich euch Frieden über alle Maßen.« Wir mussten uns nicht mehr darum sorgen, dass uns das Thema in ferner Zukunft noch einmal einholen würde, weil dann immer noch irgendwo etwas gefunden werden könnte. Es fühlte sich an, als wäre die Tür, durch die wir schon längst hindurchgegangen waren, nun wirklich hinter uns ins Schloss gefallen. Laut, aber nicht so, dass wir uns deswegen erschreckten oder noch einmal umdrehten.

Epilog

Schreiben war schon immer mein Ventil, um Gedanken zu sortieren, den Kopf frei zu bekommen, Dinge auszudrücken und zu verarbeiten. Was kurz nach der Flut als eine Sammlung verschiedenster Gedanken und Notizen begann, einfach nur, um etwas Platz in meinem Kopf zu schaffen, bekam über die Zeit immer mehr Struktur, wurde zu Kapiteln und schließlich zu einem Buch. Zunächst nur für mich, zur Verarbeitung und zum Festhalten der Erinnerungen.

Irgendwann wurde Harry neugierig, was ich da schrieb, und ich ließ ihn die wenigen Seiten, die ich bis dahin in Reinform gebracht hatte, lesen.

»Du schreibst ein Buch«, sagte er.

»Na ja, ich schreibe«, antwortete ich.

»Das ist ein Buch. Oder zumindest wird es das«, entgegnete er. »Das sollte nicht nur ich lesen.«

Ich dachte an unsere Kinder. Vielleicht könnte es eine Art Zeitzeugnis unserer Familiengeschichte werden, das auch sie irgendwann lesen wollten, wenn sie älter wären. Also schrieb ich weiter und gab Harry immer wieder Abschnitte zum Lesen.

»Ich finde es schön, dass du das alles aufschreibst«, sagte er eines Abends. »Viele Dinge davon weiß ich schon gar nicht mehr so detailliert.«

»Ja«, dachte ich. »Die Erinnerung ist gemein.«

Die Dinge verschwimmen, die Stimmen verstummen, man beginnt zu vergessen und Bilder zu zeichnen, die nicht ganz der Wahrheit entsprechen. Ich war beim Schreiben oft dankbar für all die ausführlichen Notizen, denn auch ich hatte schon begonnen, Dinge zu vergessen, je mehr Zeit verging und je mehr Abstand ich zur Situation bekam. Es war mir wichtig, all das detailgetreu festzuhalten: für mich, für Harry.

Und immer mehr fühlte sich das Geschriebene an wie eine Reise durch mein Leben, durch meine Seele und meine Empfindungen. Je mehr ich schrieb, desto mehr konnte ich all das loslassen und Frieden mit den Kapiteln meines Lebens schließen.

Im Sommer 2023 wurden wir drei Tage von einem Kamerateam begleitet. Aus dem Material dieser Drehtage entstand ein ungefähr 15 Minuten langer Beitrag, der ausgestrahlt wurde. Und ungeachtet dessen, dass die Geschichte gut und sensibel erzählt war, realisierte ich, dass es nicht möglich war, alle Aspekte ausreichend zu beleuchten und ein wirklich vollständiges Bild zu zeichnen – ganz egal, wie lang eine Dokumentation wäre.

»Vielleicht solltest du dein Buch wirklich veröffentlichen«, sagte Harry. »Da kannst du viel ausführlicher den Fokus auf das lenken, was dir und uns wichtig ist. Und vielleicht hat das Ganze so noch etwas Gutes, um anderen das alles verständlicher zu machen oder ihnen eine ganz neue Perspektive zu zeigen.«

Ja, vielleicht sollte ich das. Aber vielleicht musste die Öffentlichkeit auch nicht jedes Detail kennen, schließlich würde ich nicht nur mich damit verletzlich und angreifbar machen. Vielleicht sollte diese Zusammenschrift auch wirklich nur für uns sein. Und vor allem: Wer war ich, um darüber zu schreiben?

»Aber es ist doch deine Geschichte«, sagte ich zu Harry. »Und deine«, sagte er und blickte mir tief in die Augen, als er – so als hätte er die Frage in meinem Kopf schon gehört – ergänzte: »Wenn jemand darüber schreiben darf, dann du.«

In den kommenden Tagen bewegte ich diese Gedanken und Harrys Aussage in meinem Herzen: »Vielleicht hat das Ganze so noch etwas Gutes.«

Ich dachte an meine Mutter. In meiner Teeniezeit und als junge Erwachsene fühlte ich mich in manchen Momenten zu streng von ihr behandelt. »Sie möchte dich doch nur vor ihren Fehlern bewahren«, sagte mir mein Vater einmal, als ich wutentbrannt die Zimmertür hinter mir zugeschlagen hatte. »Ich muss doch ihre Fehler nicht wiederholen, um aus ihnen zu lernen«, antwortete ich unter Tränen.

Ich wünschte, wir wären nicht in dieser Art von diesem Ahr-Hochwasser betroffen, aber vielleicht würde ein Buch anderen Nicht-Betroffenen einen besseren Einblick geben. Vielleicht könnte es sogar Personen helfen, die trauernde Menschen in ihrem Umfeld hatten. Und vielleicht könnte es auch einfach nur ein Ansporn sein, positiv in die Zukunft zu blicken – trotz allem. Ich teilte noch immer die Meinung meines jüngeren Ichs: »Man muss nicht alles selbst erleben und durchmachen, um etwas aus einer Geschichte mitzunehmen.«

Nach dem Bekanntwerden des Knochenfundes an der Ahr war das Interesse der Öffentlichkeit an Frankys – und damit auch an unserer – Geschichte gefühlt höher als jemals zuvor. Ich hatte damit zu kämpfen, dass sich einige Personen, die uns nicht persönlich kannten, anmaßten, Dinge kundzutun, und Spekulationen befeuerten. Es gab Reporter, die unsere Privatsphäre missachteten, und Berichte, in denen uns Worte in den Mund gelegt wurden. Wir überlegten, ob es sinnvoll wäre, unsere Sicht auf die Situation als eine Art Gegendarstellung noch einmal öffentlich kundzutun, entschieden uns aber dagegen.

Es würde immer Menschen geben, die das, was wir sagten, anders verstehen würden, als wir es meinten.

»Es ist gut, dass du in deinem Buch alles so ausführlich aufgeschrieben hast und niemand anderes die Geschichte für uns zu Ende erzählt«, sagte Harry.

Danke

Trauer hat viele Gesichter. Sie ist diffus und vielschichtig und äußert sich in so unterschiedlicher Art. Sie ist nichts, was man einfach erklären kann.

Ich merkte, dass man es mir während dieser gesamten Zeit oft nicht recht machen konnte, und fragte mich im Nachhinein, ob ich in manchen Momenten überreagierte.

Mal wollte ich über alles sprechen, mal war mir Schweigen, Alltag und Ablenkung lieber. Aber wann das eine und wann das andere der Fall war, konnte ich vorher nicht sagen, sondern nur im Moment entscheiden.

Auch unser Umfeld ging ganz unterschiedlich mit der Situation um. Während einige in regelmäßigen Abständen nachfragten, ob es etwas Neues gebe, vertrauten andere darauf, dass wir ihnen das mitteilen würden.

Ich bin dankbar für jede Anteilnahme, jede Unterstützung, jedes ehrliche Interesse an uns und vor allem für alle, die immer wieder fragten: »Was hilft dir gerade?«

Danke für jeden Versuch zu verstehen, selbst wenn wir nicht immer erklären konnten, was in uns vorging und uns bewegte.

Und, Harry, so gerne ich uns – und vor allem dir – diesen Schmerz erspart hätte, so dankbar bin ich gleichzeitig auch dafür, was uns diese Krise gelehrt, wie viel stärker sie uns als Paar, aber auch als Individuen gemacht und wie viel mehr sie uns zusammengeschweißt hat. Ich weiß jetzt, dass Nähe und Freiheit keine Gegensätze sind, sondern dass man einem Weg auf unterschiedlichen Seiten dennoch Hand in Hand folgen kann. Ich bin stolz darauf, dass wir den Umgang des jeweils anderen haben stehen lassen, auch wenn es nicht unserem eigenen Umgang entsprach und dass wir uns in diesem Chaos nicht nur nicht verloren, sondern auch immer wieder neu gefunden haben. Ich würde mit niemandem lieber als mit dir und unserer kleinen Familie dieses kostbare Leben bestreiten. Und zu guter Letzt: Danke, dass du mich während dieses gesamten Buchprojekts so sehr ermutigt, unterstützt und mir die Zeit zum Schreiben eingeräumt hast. Ohne dich (und deine Kontaktaufnahme mit dem Verlag) könnte dieses Buch niemand in der Form in den Händen halten.

Anmerkungen

1 »Save Your Tears« von The Weeknd feat. Ariana Grande, Songwriter: Abel Tesfaye, Ahmad Balshe, Jason Quenneville, Max Martin, Oscar Holter, Label: XO – Republic (2021).

2 Text und Melodie: Gert Fuster (1970).

3 Regenbogen, Text & Melodie: Albert Frey © 1998 FREYKLANG, adm. by Gerth Medien, Wetzlar.

4 Cäsar Flaischlen: Gesammelte Dichtungen. Band 2: Aus den Lehr- und Wanderjahren des Lebens. Stuttgart 1921, S. 58–60.

5 Ich halt dich fest, Text & Melodie: Arne Kopfermann © 2017 SCM Hänssler, Holzgerlingen. Dieser Liedvers ist auch in Arne Kopfermanns biografischem Buch „Mitten aus dem Leben. Wenn ein Sturm deine Welt aus den Angeln hebt" enthalten, das 2017 bei Gerth Medien erschien.

6 »Hold Your Hand«, Text und Musik: Frank Neufeld, 2021.

7 Autor unbekannt.

8 »It Is Well« von Bethel Music, angelehnt an das Original von Text und Musik: Kristene DiMarco, Horatio Gates Spafford, Philip Paul Bliss, erschienen 2015 unter dem Label Bethel Music.

9 »When Peace Like a River« von Horatio Gates Spafford und Philip Paul Bliss (1876).

10 Deutscher Text: Theodor Kübler (1880), Melodie: Philip Paul Bliss (1876).

11 https://ga.de/region/ahr-und-rhein/bad-neuenahr-ahrweiler/ahrweiler-seit-flutkatastrophe-vermisste-frau-tot-in-rotterdam-geborgen_aid-63533229, zuletzt aufgerufen am 23. 02. 2024.

12 Verschollenheitsgesetz (VerschG) vom Bundesministerium der Justiz: https://www.gesetze-im-internet.de/verschg/BJNR011860939.html, zuletzt aufgerufen am 07. 02. 2024.

13 »Blessings« von »Hollow Coves«, Songwriter: Matthew Carins/Ryan Henderson, Label: Hollow Caves, AWAL, 2021.

14 Three Little Birds von Bob Marley & The Wailers, Songwriter: Bob Marley, Label: Tuff Gong, 1980.

15 Korrekt hieße es »Der Pavillon«, hier wurde jedoch das Original »Das Pavillon« zitiert.

16 »Genauso« von Silbermond, Songwriter: Andreas Nowak/Johannes Stolle/Stefanie Kloss/Thomas Stolle, Label: Columbia/Sony Music, 2020.

17 https://ga.de/region/ahr-und-rhein/remagen/freiwillige-helfer-finden-menschliche-knochen-an-ahrmündung_aid-99544003; zuletzt aufgerufen am 19. 02. 2024. Mittlerweile gab es hier Updates, sodass der Titel lautet: »Erneut Knochen an der Ahrmündung gefunden«.

18 https://graceintorah.net/2015/09/27/hebrew-numbers-11-30/, zuletzt aufgerufen am 23. 02. 2024.